KB076225

# 홍익인간과 평화 DNA

# 홍익인간과 평화 DNA

ⓒ 박상은, 2017.

제1판 제1쇄 찍음 | 2017년 01월 10일
제1판 제2쇄 찍음 | 2017년 01월 25일

지 은 이 | 박상은
펴 낸 이 | 이영희
펴 낸 곳 | 이미지북

출판등록 | 제324-2016-000030호(1999. 4. 10)
주　　　소 | 서울시 강동구 양재대로122가길 6(길동) 202호
대표전화 | 02) 483-7025, 팩시밀리 02) 483-3213
전자우편 | ibook99@naver.com

ISBN 978-89-89224-36-5　　03910

홍익인간과

평화 DNA

박상은 지음

이미지북

힘들게 쓴 책이 출판과 동시에 구문이 되어간다. 필자가 5년 전에 썼던 『21세기 대 한반도 책략』(이미지북) 본문 중, 어렵게 모은 자료를 기반으로 정리한 고대사 부분을 첨삭없이 발췌하고 부족한 내용을 보강해 핸드북으로 만들었다. 역사는 달라지지 않기 때문이다.

요즈음 우리 역사 문제에 대해 모두가 혼란스러워하고 있다. 교과서 문제도 그렇다. 편향된 부분을 바로 잡고, 사실에 충실하게 평형을 잡고 노력한 새 교과서를 면밀히 검토하거나 사용해 보지도 않고 보이콧을 해버린다. 참으로 안타깝다.

이 책은 우리 상고사 홍익인간 부분을 누구나 쉽게 읽고 이해할 수 있도록 홍익인간 정신에 대한 개념의 선명성을 더해 작은 책으로 만들었다.

교과서의 고대사 부분이 좀 보강되었다 해도 전체 역

사를 다루다 보면, 아무래도 고대사를 다루는 분량면에서는 제한적일 것이며 그 중량감은 덜할 것이다. 그래서 우리 민족의 뿌리 고조선의 건국이념이 세계 평화 사상의 기초가 될 수 있는지 홍익인간 이념을 띄워 보았다.

첫 번째 목표는 고대사의 복원으로 홍익인간 정신을 복원하는 것이다.

두 번째는 한민족의 창조적 DNA와 원형사관을 인접국과 비교해 본 것이다. 한·중·일 역사 바로 잡기와 이를 통한 아시아 비전을 제시한다.

세 번째로는 가장 심각한 역사 훼손과 오도된 요하문명에서 시작해서 그 바른 해법과 역사의 지분 참여 방법을 찾아본다.

마지막으로, 홍익인간 사상을 평가하고 정말 인류 평화사상이 시대 정신으로 승화될 수 있는 것인지, 아시아적 가치-세계 평화를 아우를 기재가 되는 것인지 판단해 본다.

남북문제도 분단되기 이전 상태의 역사 복원에서 시작 되어야 할 것으로 보인다. 북한의 각자 도생적 일탈 행위를 막는 것도 역사의 통합 연구부터 시작해야 할 것 같다.

　역사 훼손의 전형인 중국의 동북공정은 장차 한반도 통일 이후를 겨냥하고 있다. 남과 북이 힘을 합하여 대응하지 않으면, 우리의 영토 뿐 아니라 역사의 지분도 차지하지 못하는 어려움에 부딪칠 것을 알아야 한다.

　과거 역사가 현재이고 현재가 미래의 역사가 된다. 우리 역사 뿌리를 방치하고 언제까지나 식민사관으로 덧씌운 역사를 뒤집어쓰고, 역사와 영토를 송두리째 챙기려는 외세를 어떻게 막을 것인가. 그 답을 찾기 위해서는 잃어버린 우리 고대사를 찾아 떠나는 데서부터 시작되어야 한다.

정유원단丁酉元旦　박상은

# 01

## 홍익인간弘益人間 사상의 복원

### 역사의 원류를 찾아

# 역사의 원류를 찾아
# 홍익인간弘益人間 사상의 복원

## 고대사의 재인식

　우리 역사는 반만 년 이어온 긴 역사 속에 살아 온 세월을 헤아리면서도 구체적인 역사적 사실을 인정하지 않으려는 경향이 짙게 깔려 있다.

　제도권에서는 개천절이 4대 국경일의 으뜸이고, 국조 개국일을 카운트해서 단기를 병용倂用해오다가 세계적 추세에 따른 발전적 편의성에 따라 서기로 단일화 했다.

　그러나 일상의 공식 일정으로 사용하지 않은 것뿐이지 단기가 없어진 것은 아니다. 금년이 그 셈법에 따라 단기 4345년(2012+2333년)으로 진행될 뿐 아니라 대한민국 초대 대통령은 단군 연호를 법령으로 채택·사용했다.

　『인간 단군과 한국 고대사를 생각한다』를 저술한 최

태영 박사는, 1900년 황해도에서 출생하여 한일강제병합까지 10년간을 고종 황제 치하의 대한제국에서 어린 시절을 보낸 살아있는 역사의 증인이었다. 그도 그때까지 국조 단군의 개국과 면면히 이어온 반만 년 역사를 의심하는 자가 없었다고 기술하고 있다.

그가 "늦게 역사 특히 고대사 연구에 몰입하게 된 것은 한국 역사에 고대 산물로 근·현대에도 그가 보고 겪은 바로는 왜곡되고 착오된 것이 많아서 반드시 바르게 복원해 놓아야 한다. 그래야 후손이 자부심을 가지고 새 기운을 낼 수 있다"고 서문에 쓰고 있다.

단군 역사를 설화나 신화로 하거나 아예 존재 자체를 부인하는 행태는 일제의 식민사관으로 심하게 왜곡된 상태를 광복 후에도 그 훼손을 이전 상태로 되돌려놓지 못하고 있는 것을 개탄한다.

오늘날 사학계에서도 논쟁이 끊이지 않으나 오랜 시간에 걸쳐 훼손되고 왜곡된 사관으로 재구성된 한국사를 뛰어 넘는 데는 자료의 빈곤이 결정적인 요인이 된 것이다.

참고로, 사서의 폐기 사례는 기록에 의하면, 『삼국사기』를 쓴 김부식에 의한 역사서의 폐기가 그 첫 번째다.

사대주의자인 그는 역사 자료를 수집해서 중국의 사조에 반하는 것은 폐기했다는 것이다. 그 이후 병자호란에 의한 약탈과 파기 훼손이 컸다고 한다. 그리고 조선조에 들어와 왕정 강화를 위해 왕권 수립에 몰두해 온 태종(방원)이 수만 건의 사료를 조직적으로 수거하여 폐기했다는 것이다. 대단한 실수를 저지른 것이다.

8년의 임진왜란 기간 몽진과 약탈로 많은 사서가 폐기되고, 주요 보물 자료는 일본으로 반출되었을 것으로 추정된다. 그 이후 결정적인 역사 개조와 위작이 일제침략사가 아니겠는가.

고대사의 기록이 없다고는 하나 비록 사대주의자가 지은 『삼국사기』에도 고구려가 국사 『유기留記』 100권을 1세기경 편찬했다는 기록이 있다. 백제도 4세기경 고흥의 『백제서기』가 편찬되고, 신라는 6세기경 거칠부가 『국사』를 편찬하였고, 고려는 『왕조실록』을 편찬한 기록이 분명히 있다.

그러나 이들 사서는 현재 남아 있지 않고 없어진 내용을 인용한 다른 사서가 남아 있을 뿐이다. 불공정한 사대주의자 김부식은 피해갔지만, 몇 안 되는 단군의 고조선 개국 기록으로는 12세기 고려의 승려 일연이 남긴

『삼국유사三國遺史』가 최초의 기록이 된다.

일연도『삼국유사』에서 주관적으로 쓰지 않고 중국의 사서를 인용하여 "위서魏書에 이르기를, 지금으로부터 2천 년 전에 단군왕검이 있어 도읍을 아사달에 정하고 나라를 개창하여 이름을 조선이라 하니 요 임금과 같은 시기이다"라 적고 있다.

신용하 교수는『삼국유사』의 이 부분, 단군 고조선 형성 과정에 대해 "이 기록은 중국 역사서의 하나가 역사적인 사실을 담담하게 기록한 것"으로, 여기에는 신화나 설화의 요소는 한 군데도 없다고 했다.

『삼국유사』를 지은 일연은 이『위서』의 기록을 그대로 전제하여 인용한 것이라고 했다.[01] 또한 일연은『삼국유사』에서『고기古記』를 인용해 환국신시대의 3상5부三相五部제도로, 바람(風伯)·비(雨師)·구름(雲師)의 3상과 생명·곡식·질병·법·선악팔단의 직책 등 정부 조직도 언급하는 등 상당히 구체적인 면을 보이고 있다.

고조선의 강역에 관해서도 많은 의견이 갈려 있다. 우선 대동강 기원설, 요하·요서 기원설, 이동설, 요하·요동에서 반도로 내려와서 대동강으로 이동한다는 절충설

---

01) 신용하,『한국 민족의 형성과 민족사회학』, 지식산업사, 2001.

등 많은 설이 있다. 고증과 연구를 통해서 바른 답을 찾아야겠지만, 많은 고증 자료와 유적 등의 발굴이 누적됨에 따라 난하와 룽하·요하 유역에서 이동하는 모습이 그려지는지도 모른다.

단군 즉위, 즉 개국 원년에 관해서도 몇 가지의 사서 기록은 혼선이 있었으나 조선조『동국통람東國通濫』에 와서 요 25년 무진년으로 보아온 것이 통설로 자리 잡고 있다. 지금 우리가 사용하고 있는 기원전 2333년이 단기 원년이 된다.

이 모든 이야기는 문자가 전해지지 않은 4000년 내지 5천 년 전의 역사가 후대 사학자들의 기술에 의해 기록된 역사 자료와 사서에 의한 것으로 된 것이다.

우리 사료로는 최고의 사서가 일연의『삼국유사』와 거의 동시대인 이승휴의『제왕운기帝王韻紀』(1287년), 정도전의『조선경국전朝鮮經國典』,『세종실록』, 성종 때 (1484년)의『동국통람東國通覽』으로 이어지는 단군 기록의 전승 관계를 돌아본 것이다. 부족한 고조선의 기록들은 발굴되고 전래된 고고학적 자료를 통해 부족한 문서 기록을 물질 자료로 보충하고, 여러 갈래의 사학계 논증을 뒷받침하는 고증 작업이 계속되어야 한다.

사학계의 통설이 아닌 통설은 고대 정부 구성 시기를 신석기 후기인 청동기 시기로 본다고 한다. 그러나 최근 2400~2500년대로 올라간다는 사료에 의하면, "고조선은 청동기 시대 요하 유역을 공간 범위로 성립되고 전승되었다. 요하 유역의 비파형동검문화와 대동강 유역의 세형동검문화가 이후 부여와 고구려·백제·신라의 고대문화 형성의 바탕이 된 것을 밝혀내었다"고 한다.[02]

　또한 단군의 신화적 요소는 고려 후기의 몽골 침입 등 국난을 당해서거나 불교의 전래라는 사회적 환경 속에서 작위적으로 만들어진 것이 아니라 이미 고조선 시대에 단군왕검, 즉 제왕을 중심으로 한 지배 집단이 왕정의 권위를 신격화함과 동시에 국가 통합을 위한 이데올로기적 장치로 형성되었다는 것을 밝히고 있다.[03]

　한민족 고유의 건국신화인 단군신화가 고려 말기의 난국 상황에서 승려 일연과 유학자 이승휴에 의하여 각기 다른 시각차에서 기술된 사서임에도 단군을 건국 시조로 인식하는 틀에서는 생각이 같다.

---

02) 동북아역사재단,『고조선·단군·부여』, 2004. 11. 간행.
03) 앞의 책.

이와 같은 단군 인식은 신생 조선 왕조의 건국과 함께 조선朝鮮 승계 의식으로 분명하게 정립되면서 조선사회에 널리 받아들여지게 된다.

정도전은『조선경국전』에서 조선 국호 사용을 제시하면서, 국가의 기본 법전에서부터 중국과 대등하게 역사 공동체가 출범한다는 것을 의미하는 조선 계승의식을 수용했다. 그러나 '조선조의 단군은 동방에서 처음으로 천명을 받은 임금'이고, '기자箕子는 교화를 일으킨 임금'이라 하여 조선 왕조 군주권의 정통성을 천명함과 동시에 교화에 의한 통치를 설정하고 단군과 기자를 국가적으로 제사할 것을 건의한다는 기록이 있다.

중국 대륙의 명明·청淸 교체기에 많은 변화가 있었으나 문명 대국에 대한 모화慕華사상 때문인지 조선 성리학자들이 기자정통설箕子正統說을 신봉해 단군은 소홀히 밀려나 있었던 것이 사실인 듯하다. 그러나 19세기 들어 청대 고증학의 영향을 받아 단군 인식에도 변화가 일어난다.

실학의 석학 정약용도『강역고疆域考』에서 3 조선설로 단군조선을 이해하지만, 우리 문화의 기원을 기자조선에서 출발한 것으로 보았다. 문헌 고증에서 단군의 역사

성이 문제가 되면서 19세기 후반 조선사회의 근대화 과제가 대두되고, 제국주의 침략의 야욕과 더불어 단군에 대한 인식에 급격한 변화를 맞는다.

다만 『천자문千字文』 다음에 읽는 『동몽선습童夢先習』에서 기술된 단군의 국조國祖사상은 확고하다. 당시를 살아왔던 최태영 선생이 최초 증언하는 대로, 고종 시절까지 고조선을 의심하는 사람이 없었다고 한 것을 다시 강조하고 싶다.

오늘날 젊은 역사학자들까지도 문헌 고증 기록에 약한 고조선을 인정하지 않으려는 풍조는 이해할 수는 있다. 그러나 제국주의 침략 세력의 조직적인 역사 왜곡의 영향력을 감안하고 점증하는 고고학적 검증 자료의 누적 현장을 고려하여 역사 재인식의 과제를 다시 풀어야 한다.

돌이켜보면 일제강점기인 1930년대 중반기에 빈곤한 역사 자료와 열악한 환경 속에서 『조선상고사』를 집필했던 신채호 선생의 핏자국 어린 역사 복원 기록을 일거에 민족사관의 역사학자로 몰아버린 강단 사학자들의 오만에는 동의하기 어렵다.

기록 사료가 없기 때문에 믿지 못한다기보다는 주변

역사의 반증 사료나 넘쳐나는 많은 물적 고증 자료로 보나, 있었으리라는 생각이 가는 것을 지워버리는 것은 옳지 않다는 함석헌 선생의 뜻에 따르고 싶다.

4대 세계 문명의 발상지에 등장하는 많은 설화에서나 항차 로마의 건국 이야기에 이르러서도 신화적 요소가 있기 마련이다.


## 널리 인간사회를 이롭게 하다

많은 역사 자료의 공개로 대한민국 독립의 디딤돌이 된 카이로 선언의 명시적 독립 조항은 제2의 독립선언문으로 일컬어지고 있다.

'카이로 선언'으로 재조명된 Korea의 독립 조항은 한국이 전승국의 대열에 들지는 못했지만, 프랭클린 루스벨트 당시 미 대통령의 특별한 의지로 끝까지 살아남았다.

놀랍게도 한국을 그들의 종속국으로 인식하는 장개석 莊介石 총통의 반대에도 불구하고, 그리고 수많은 식민 국가를 거느린 영국 처칠 수상의 눈치를 보면서도 한국의 독립 조항은 끝내 살아남아 스탈린의 사후 동의를 얻

어낸다. 전승국의 식민지가 아니었다는 이유로 명시적인 독립 조항이 가능했던 아이러니가 한국을 건져낸 것이다.

비록 뒤늦게 참전한 소련 스탈린의 흉계로 북반부를 포함한 온전한 독립 정부에는 실패했지만, 모든 유라시아의 소련 접경국들이 소련의 공산 정권인 위성국으로 들어간 상태에서 오직 하나 아시아 대륙 끝머리의 대한민국만이 분단 상태에서 민주정부의 탄생이 가능해진 것이다.

우리는 이렇게 광복되고 나라를 되찾으며, 단군에 대한 예우도 광복으로 큰 변화가 일어난다.

1948년 대한민국 정부 수립으로 민주주의와 민족주의 국가 이념화 과정[04]에서 독립운동의 마니아이며, 당시 국제 정세에 형안을 갖은 이승만은 조선시대 내내 기자箕子에 밀려나 있던 단군을 나라의 조상(國祖)으로 모시고 단군연호를 되찾아 놓았다. 신생 대한민국의 국조 단군의 복원은 좁은 국수주의적 개념보다 단군의 건국이념인 홍익인간弘益人間 사상의 재탄생을 뜻한다.

널리 인간 세계를 이롭게 한다는 재세이화在世理化 홍

---

04) 이영훈, 『대한민국 이야기』, 기파랑, 2007.

익인간의 이념은, 조선시대 사서들도 단군 건국을 서두에 기록해 놓고도 성리학적 사대事大, 모화慕華사상의 지식 체계에 가려 비하되어 왔다.[05]

한편 단군사상의 신화적인 요소를 배제하려는 유교적 합리주의 소산이라고 보는 소극적 견해를 뛰어 넘어 현대적 국가이념으로 재해석 하게 된다.

홍익인간의 건국이념을 공식화 한 것은 상해임시정부가 최초이다(1941년). 임시정부는 대한민국 '건국이념'을 반포하면서 그 총강에, 우리의 건국정신은 "홍익인간과 이화세계理化世界하자는 우리 민족이 지킬 바 최고 공리公理"로 규정하면서 대한민국임시정부 건국이념의 바탕을 삼는 데서 시작한다.

대한민국 정부가 수립된 뒤 1949년 12월 31일 교육법이 제정 공포되면서, 그 교육법 속에서 공식 교육이념으로 자리 잡게 된다. 교육법 제1조에서 교육은 홍익인간의 이념 아래 설정된 것임을 명기하게 된다.[06]

고조선시대 단군의 건국이념이 광복과 더불어 제도적으로 복원되어 법령뿐 아니라 단군연호 사용과 더불어

---

05) 정신문화연구원, 『홍익인간 이념의 유래와 현대적 의의』.
06) 강무학, 『한국인의 뿌리 : 자료로 해부한 한국학』, 금강서원, 1990.

개천절은 10월 상달의 국경일로 지정되었다. 그러나 세계 추세에 따라 서기연호에 대체되어 단기연호는 사용되지 않게 되고, 개천절은 정부 행사로 형해화形骸化 되어 가는 안타까운 현실을 보고만 있을 수는 없다.

첫 번째로, 고대 상고사에 대한 인식 부족과 위대한 홍익인간 사상에 대한 연구 부족을 들 수 있다. 역사 기록에 지나치게 의존함으로써 고조선시대 2000년이 사라질 위기에 처한 대단히 잘못된 인식 체계가 그것이다.

고고학계의 매장문화 발굴로 한강 유역(역삼·가락·암사동과 미사리)에서 BC 40세기의 신석기시대 유물인 빗살무늬토기가 발굴되고, 경기도 양평군 상가포리에서는 비파형청동단검이 출토되었다.

이는 BC 30~25세기경의 것으로, 이때 한반도에도 청동기문화가 시작되고 있음을 보여주고 있다. 이보다는 다소 늦으나 만주 일원의 많은 유적의 발굴로 보아 한반도 중심의 고대국가는 BC 2333년보다 더 일찍 건국될 수 있었고, 신화로 되어 있던 홍익인간의 지위도 신석기 및 청동기시대의 유물이 발굴됨에 따라 5천년의 실증적 역사는 증명이 된 셈이다.[07]

---

07) 손대현, 『한국문화의 매력과 관광의 이해』, 일신사, 2008.

북한 고고학계의 발굴 보고에 의하면, 대동강 유역에서도 BC 30세기 초 중엽에 이미 청동무기가 사용되었음을 증명하는 유물(비파형청동창끝)들이 발굴되어 과학적인 논증의 근거를 더해주고 있다.

세계적으로 고대국가가 성립하는 시기는 석기문화가 끝나고 청동기문화가 일어나면서부터라고 한다. 청동기를 먼저 사용하는 부족의 나라가 출현한다고 한다.

손대현 교수는 철학자 하이데거 어록을 인용하면서 "고조선은 가장 평화적인 방법으로 2천년이 넘게 아시아를 통치했던 국가"라 했다.[08]

우리 민족에게는 홍익인간 이화세계의 정신으로 광대한 고조선의 강역을 다스리던 위대한 역사와 문화가 있다. 우리들이 찾고자 하는 것은 바로 단군시대의 홍익인간 사상에서 한국인의 뿌리, 한국인의 원형을 찾고자 하는 것이 그 두 번째이다.

중국은 물론 일제는 유구한 우리 역사를 인정하려 하지 않았다. 그들 보다 앞선 역사와 문화를 싫어할 뿐 아니라 한국사를 말살하고 단군을 신화로 조작하면서 강점기에 관련된 고대 사서 20만 권을 수거해 소각하는 만

08) 주돈식, 『처음 듣는 조선족의 역사』, 푸른사상, 2010.

행을 저질렀다. 식민사관 위에 수십 년에 걸쳐 조선사를 조작 편찬해냈다. 이것이 광복 후 그대로 한국사 대관에 담겨 있다.

이 사관을 믿고 기록이 없는 역사를 인정하지 않으려는 역사관이 과연 옳은 행동인가. 남은 기록과 여러 유적의 발굴사로 수십 세기를 다져 온 구전체口傳體의 사실들, 인접국 사서를 모아서 확실히 있었으리라는 믿음을 가지고 우리의 고전 고대사와 마주쳐야 한다.

우리를 황홀하게 하는 홍익인간 사상의 최초 기록은 『삼국유사』「고조선」편에 나온다. 일연은 『고기古記』를 인용 '삼위태백가이홍익인간三爲太白可以弘益人間'으로 삼위태백을 내려다보니 널리 인간을 이롭게 하라는 단군의 건국이념을 담담하게 수록하였다.

홍익인간은 널리 모든 사람을 이롭게 하는 것이다. 현대적인 법 개념으로 말하자면, '최대 다수의 최대 행복'을 일컫는다. 더 넓고 더 클 수 없는 무한대의 이익, 인류의 영원한 이념, 전 인류사회의 평화와 행복이 그것이다.[09]

단군 기록 특히 홍익인간에 대한 자세한 기술은 없으나 고조선시대의 농경문화를 주축으로 한 고조선의 독

09) 최태형, 『한국 고대사를 생각한다』, 눈빛, 2003.

특한 창작문화인 홍범구주洪範九疇 이야기가 전해지고 있다. 기록이 부족하나 위대한 이념인 홍익인간의 뿌리를 찾는 노력은 계속되어야 한다. 얼이 담긴 이념, 즉 과거를 못 찾으면 제대로 된 미래를 찾아가기 어렵다.

단군 기록과 홍익인간의 기록도 『고기』를 인용하고 있으나 문헌상 자세하지 못하여 부득이 중국 사서史書나 문헌에 의존할 수밖에 없다. 불행 중 다행히 중국문화의 대종을 이루게 된 홍범문화洪範文化는 고조선에서 도입된 홍범구주가 주周나라에 전해지면서 중국문화로 형성된 흔적이 뚜렷하다. 이를 통해서 홍범의 문화를 간추릴 수 있다는 강무학 선생의 논증은 새로운 실마리를 제공하는 듯하다.[10]

고조선 건국 시의 홍익인간이란 만민에 큰 이익을 준다는 뜻이다. 즉 군왕은 만민을 위하여 민본정치民本政治를 하기 위해 홍범구주의 기강에 의거하여 통치하는 제도가 곧 홍익인간이다. 그러므로 홍익인간이란 곧 '홍범구주'를 기본으로 하는 정치를 상징하는 말이다.

홍익인간의 근본이 되는 홍범구주는 3000년 전에 기자箕子가 조선에서 시행되고 있는 홍범구주를 주周 무

10) 강무학, 『홍익인간론』, 명문당, 1983.

왕武王 13년에 가져가 헌상한 것이다.[11]

주나라 무왕은 이를 숭상하여 국가 통치제도의 기본으로 하여 주나라도 이때부터 홍범구주의 통치시대가 시작된다.

홍범洪範의 9강목綱目에 걸친 통치이념 중 세 번째 항의 농용팔정農用八政은 고조선의 정전제井田制 등 고도의 정치제도를 포괄하고 있다. 춘추전국시대의 공자도 홍범구주를 높이 평가하고 고조선을 칭찬한 기록으로 보아 이때 이미 앞선 문명이 존재하고 있었다는 것은 확실하다. 한漢나라의 『예문지藝文誌』에도 홍범구주를 천하를 다스리는 척도로 삼아 서두에 그 전문 65자를 그대로 수록해 전수하고 있다.

중국의 고대문명이 이런 과정을 거쳐 소위 중화문화가 완성된 것이라면, 주나라 이전의 고조선에는 홍범문화가 벌써 개화기에 있었던 것을 반증하는 것이라 할 수 있다.[12]

＊洪範九疇：原文 65字

初一日五行. 次二日敬用五事. 次三日農用八政. 次

---

11) 앞의 책, 24쪽.
12) 강무학 강론.

四日協用五紀. 次五日建用皇極. 次六日乂用三德, 次
七日明用稽疑. 次八日念用庶徵. 次九日嚮用五福. 威
用六極('西經' 洪範篇)

## 한국인의 원형을 찾아서(고조선 역사 유적 탐방)

우리가 늘 말하는 고조선의 발상지와 웅대한 고구려
의 기상을 회상해 보는 역사 탐방에 참여하는 귀한 기회
를 가졌다. 우리들의 여정은 천진공항에 내려 육로로 북
상하면서 만리장성의 동단기점인 산해관山海關 서북 지
역 고조선시대의 유적지인 조양을 거쳐 고구려의 발상
지인 환인桓仁 집안集安을 향하는 가슴 벅찬 옛 선조들의
강역을 두루 살피게 된다.

광복 후에도 제대로 된 고대사를 볼 수 없고, 수없이
많은 유적과 유훈에도 불구하고 그리고 끝없는 역사의
훼손에서 바른 역사를 복원해 가는 노력조차 힘을 얻지
못하는 현실을 개탄하면서 조상들의 숨결이 느껴지는
역사의 현장 고조선의 강역에 들어가는 감격은 이루 형
용할 수 없다.

천진에서 진황도 산해관에 이르는 길들은 잘 정리되어 끝없는 옥수수밭 평원을 가로질러 가다보면 난하灤河에 이른다. 아, 난하! 여기가 그 경계인가. 좁아 보이지만 홍수 시에는 넓은 하상을 뒤덮는 델타 모습이다. 하북성河北省 북부 몽골고원 남부에서 발원하여 동남쪽으로 흐르다가 연산산맥燕山山脈을 가로질러 하북평야를 거쳐 발해만으로 들어간다.

난하의 감격은 황당하리만큼 넓은 고조선의 서쪽 경계라 설정하는 학자들이 늘어가고, 부족한 문서 유적보다 발굴되는 유물에 따라 그 범위가 획정될 수도 있기 때문이리라.

더욱이 당시 지명이나 강 이름이 지금의 이름과 일치하지 않은 경우가 많아 특히 국경지역이 패수浿水라는 기록(『사기』, 『조선열전』) 등 혼란스런 경우가 있다. 그러나 여러 기록과 상황 증거로 보아 패수는 한반도 안의 강이 아닌 것이 분명하다.

난하의 흥분은 다시 창려현의 갈석산碣石山에서 재현되는 듯하다. 주봉은 선태산仙台山으로 해발 696m이다. 평지에 솟은 산으로. 발해와 15㎞ 떨어진 곳, 연산산맥의 한 자락으로 솟아오른 한 덩어리의 거대한 바위산이다. 아래로는 수암사水岩寺를 품고 있으나 꼭대기에는 군사시설로 보이는 구조물이 보인다. 수암사의 유래는 알 수는 없으나 입구의 콘크리트 구조 건축물들은 중국 특유로 만들어가는 역사 유적을 떠올리게 했다.

기원전 3세기, 동방을 순행하던 진시황이 갈석산에 올라 '갈석문'이라 새긴 이래 아홉 명의 황제가 천고의 수수께끼를 풀려 했던(九帝登臨千古之迷何解) 신비로운 산이다.

구제九帝 중에는 조조曹操가 요서지역을 점령하고 개선하는 길에 산에 올라 시조를 남겼고(觀滄海步出夏門), 근세에는 1950년 모택동이 이곳에 올라 시구를 새겨 놓은 것을 볼 수 있었다. 갈석산 중턱에서 바다를 바라보면서 왜 우리가 숨 가쁘게 이곳에 섰는가를 생각해 보았다.

모택동의 글비 그리고 진시황의 순행 때문인가. 왜 고대의 아홉 제왕과 현대의 모택동이 왜 이곳에 올랐을까도 생각해 보았다. 아마도 바다와 산으로 구획된 국경지대를 조망하는 요충지에서 그들의 국가 전략을 생각했으리라.

그러나 우리에게는 새삼스럽게 고조선의 국경 그리고 시황제로 시작되는 역대 한족漢族과의 경계임이 점점 분

명해지는 곳에 온 것 같다.[13]

난하가 고조선의 서남西南 국경이라 해도 요수·난하·패수 등의 영역이 규명되어야 한다. "강은 바뀌어도 산은 바뀌지 않지만 그 이름은 바뀐다"는 사가들의 이야기를 경청하고 규명하는 것이 중요하다.

다음 목적지인 산해관을 향해 당산 톨게이트를 나오면서 정말로 많은 차량들 속을 뚫고 달리는 중국의 물류 물동량에 놀랐다. 이를 증명이라도 하듯 톨게이트에 이르고 보니, 객차로客車路와 화차로貨車路의 출구가 2:10인 고속도로를 지나온 것이다.

갈석에서 30㎞ 지점의 이 도시는 중국의 최고위층인 주석·전 주석·주요직 권력층이 모여 일년에 한두 번씩 공부하는 곳으로 알려져 있다. 준비된 중요 자료로 토의하고 지도자를 간택하는 일도 한다고 한다. 오늘날 중국 지도층의 선발 방식은 경쟁적이고, 중국식 민주주의의 일면을 보는 듯한 곳을 스쳐간다. 이곳이 바로 북재하北載河이다.

이제 만리장성이다. 바닷가에 천하제일관天下第一關,

---

13) "秦帝國의 영토는 동으로 대해와 朝鮮에 이르렀고, 서쪽으로는 임조 시와 光中에 이르렀으며"―『사기』의 「진시황본기」.

즉 만리장성의 동단 산해관의 웅장한 모습이 나타난다. 여러 왕조를 거쳐 쌓아온 만리장성 그리고 동단 산해관은 14세기 초 명나라 때 쌓은 것으로 자주 싸움터가 되어 왔다. 명나라 말기 청나라의 침입 때 끝까지 항거했으나 청나라 군의 승리로 역사가 바뀐 곳으로 유명하다.

산해관을 지나 수중현綏中縣 발해와 접한 곳에 유명한 갈석궁碣石宮 터가 있다. 진시황의 행궁으로 기원전 2세기에 세웠던 것인데, 만리장성 동쪽 끝이 고조선과의 경계라는 점에서 중요 지점일 수 있는 곳이다.

금서錦西·사과둔沙鍋屯 유적 답사의 감격, 이번 여행 중 우리와 관련된 가장 오래된 유적지이며 인솔 교수인 복기대 선생의 해석은 빛났다. 길조차 희미한 산길을 따라 올라간 곳이 요녕성 금서현錦西縣에 있는 석회암 동굴 유적이다.

1921년 스웨덴 고고학자 요한 G. 안데르숀Johan Gunnar Andersson이 조사하여 보고한 것이다. 동굴 길이 6m, 너비 2∼3m의 동굴에서 인골人骨 47구와 골침骨針, 가지무늬 토기(彩陶) 등이 부서진 상태로 발굴되었다. 중국 정부가 1985년 12월 유적을 확인하는 작은 비석을 세워 놓았다.

복기대 교수의 견해로는 홍산문화紅山文化의 첫 발굴지

로 볼 수 있다고 한다. 북방민족 공통의 동굴숭배 사상과도 관련된 고대문화의 일면일 수도 있을 것이다.

기원전 6000~5000년으로 추정된다고 보면, 적봉시 부근에서 발견된 대표적인 신석기시대 문화유적인 홍산문화보다 앞선 것으로 추정하고 있다. 그곳의 선민촌先民村 유물의 연대가 기원전 4000~3000년경에 해당한다고 본다.

홍산문화는 그 내용이 한족漢族문화와 확연이 다르다는 점이 중요한 의미를 갖는다. 이번 답사에는 포함되어 있지 않으나 조양 북방의 적봉 오한기 지역에서 출토되는 유물이 고조선 제국의 힘을 지탱하는 중심 지역이었음을 보여주었다고 한다. 기회가 되면 꼭 가보고 싶은 곳이다.

이어 라마동喇嘛洞 유적으로 이동하였다. 요녕성 북표시北票市 남팔가향南八家鄕 언덕에 위치한 대형 무덤이다. 300여 기가 집중 발굴된 라마동 묘지에서 인골 등을 토대로 형질 인류학적으로 분석한 결과를 보면, 송화강 유역에서 온 부여 사람으로 추정하는 견해(길림대 주홍 교수)도 있다.

라마동 무덤의 발굴은 1996년 중국 10대 고고학 발견

중 하나로 지정될 만큼 중요한 유적이다. 이 무덤의 언덕 아래는 대릉하大淩河가 흐르고, 조양시와 30㎞ 지점에 위치하는 등 고조선의 활동지역 내에 있다는 점에서 관심의 대상이 되는 지역이다.

이번 답사 중에는 빗속을 뚫고 다닌 곳이 많았지만, 넘치는 물로 부신박물관에 접근하지 못한 것이 아쉬웠다. 남북문화의 경계로 본다면 부신 지역이 고조선 기층문화의 북방 한계선으로 볼 수 있는 지역이다.

부신에서 심양으로 향하면서 남북으로 뻗은 의무려산醫巫閭山을 지나치게 된다. 동북지역 3대 명산의 하나일 뿐 아니라 의무려산의 중요성은 이로 인하여 요동지역과 요서를 갈라놓게 된다. 의무려산 동쪽 지역에 의무려산 산신山神의 사당인 북진묘北鎮苗에는 많은 유적과 비석 등이 정비되어 있다. 뿐만 아니라 의무려산이 태백산太白山으로 표기되어 고조선 시절의 신단수와의 관련을 연상케 하는 표지물이 발견된 것이기도 하다.

중국에서 학위를 한 복기대 교수는 많은 사적에 깊은 관심을 가진 현장을 중시하는 학자답게 역사의 현장을 심도 있게 소개하며 많은 연상작용을 가능케 한다.

이제부터는 옛 고구려 지역을 향하여 고구려 유적지

를 답사할 차례다. 심양을 뒤로 하고 다시 훈강渾江을 건너 요양박물관을 향하면서 요양백탑遼陽白塔을 바라보며 저곳이 요동성 터일 수 있다고 했다.

요양박물관에 당도한 우리들은 적이 놀랐다. 고지도로부터 유물전시실 산성의 그림 등 그리고 요하=패수의 표기, 명도전의 분포 상태 등 나름대로 우리 유적 유물을 잘 보전해주는 듯했다.

우리는 우리 역사로 알고 있는데 고구려를 그들의 역사 속에 담아놓고 있는 것이다. 동북공정을 진행하면서 55개 부족의 하나로 조선족과 그 고대 역사를 그들의 것으로 수렴하려는 모습이 역력해 보인다.

남북이 공히 동북공정의 의도에 대응하는 힘이 부족하다. 오히려 영국의 〈더 타임스The Times〉지는 당시 동북공정을 비판하는 목소리가 크다.

"중국이 고구려를 자기 역사라고 주장하는 것은 영국의 아서 왕 성城을 독일 것이라고 하는 것과 같다."

중국이 고구려를 자국의 역사로 편입시키려는 시도에 대해 2009년 10월 5일자 영국의 일간지 〈더 타임스〉가 비판하고 나선 것이다. 이 신문은 중국학자들이 북한과의 접경지역인 단동丹東에서 만리장성 동쪽 끝이 발견된

것을 기념하는 행사를 열었다면서 '동아시아의 역사 전쟁'이 시작되었다고 보도했다.[14]

이와 관련 최근의 상황을 주시하면, 중국은 다시 만리장성의 동단을 확장하면서 그들의 고유 영토를 확장하려는 논리를 쌓고 있는 듯하다. 그렇다면 이곳은 누구의 땅이었는지 분명해진다. 금년이 한·중 수교 20주년의 연륜을 보면서 그냥 보고 넘길 일이 아니다.

중국 동북공정의 고구려·발해 등 자국화 조치는 역사 왜곡이라면 만리장성 확대는 동북공정의 공간적 적용에 해당된다. 이런 일련의 조치들은 일본의 역사 왜곡보다 근원적이고 원색적인 면이 있다.

요양박물관에 이어 본계本溪박물관의 구석기시대 유물 및 고구려의 흥망과 고구려 제일 왕도王都 오녀산성五女山城/졸본성卒本城의 장관 등을 미리 볼 수 있었다.

이렇게 해서 세계 4대 문명 발상지인 황하문명보다 앞선 요하문명권 지대를 탐방한 셈이다. 이곳이 황하문명의 중원에서는 보이지 않은 신석기시대의 빗살무늬토기, 비파형동검, 적석층의 고인돌 등 유물들이 대량 발굴된 지역인데, 이를 연결하면 고조선의 강역이 보이는 듯하다.

---

14) 조선일보, 2009년 10월 7일자.

환인현桓仁縣에서 압록강 지류인 혼강을 따라 10km 지점의 미창구未會懼 고분에 올랐다. 고구려 무덤 10기 중 1호 고분의 정상에서 본 사방은 마치 안동 하회마을처럼 강이 둘러 처진 곳의 중앙에 우뚝하다.

1991년 발굴된 환인지역 최대 고구려 벽화무덤이란 점이 중요하다. 무덤 안은 확인할 수 없고, 장군 묘로 표기되어 있으나 주변의 소형 돌방무덤이 산재해 있는 등 왕릉에 해당하는 규모의 모습이다.

일행은 혼강을 다시 건넜다. 환인지역 평원에서 823m 높이에 우뚝한 고구려 성인 오녀산성(졸본성)으로, 혼강의 최고 험한 절벽 위에 축조된 전형적인 고구려의 초기 성이다. 경관이 좋을 뿐 아니라 동벽의 옹성이 잘 보존되어 있다. 성 입구에서 오녀산성박물관을 통과하는데, 여기에 미창구 고분의 부장품과 묘실 모형이 실물대로 전시되어 있었다. 교과서에서 보아 왔던 익숙한 고구려 벽화가 재현되어 있어 우리나라 박물관에 온 듯한 착각을 일으켰다. 경내 버스로 정상 아래까지 가서 가파른 계단으로 정상에 올라 시원한 산정의 정기를 마시듯 심호흡으로 고대문명을 교감해 본다.

산정 유적지에는 왕궁 터라는 주춧돌이 박혀 있고, 영

문으로 병영 터로 표기되어 있다. 궁터로는 좁은 느낌, 수원은 좋은 듯 성수 천지天池가 있고 보존된 온돌구조의 건물터 잔영이 친근감을 더하면서 고구려 성채의 일부로 남아 있다.

박물관 소개 자료에는 기원전 37년 북부여 왕자 주몽이 졸본(지금의 桓仁)에 고구려를 세우고, 이곳에서 40년을 존속했다고 기록하고 있다. 2004년 7월, 오녀산성은 고구려 왕성·왕릉 및 귀족 고분의 중요한 부분으로 세계문화유산에 등재되었다. 자기네 유산으로 당당히 세계문화유산 명록에 올려놓고 있는 것이다.

고려 후기 강홍립의 고사나 위화도 회군을 한 이성계의 북방정벌로 오녀산성에 이르는 이야기들을 놓고 보면, 고려 후기부터 조선조 중기까지도 우리나라 영역은 최소한 환인지역으로 북상되어 있었다. 압록강 지역은 숙종 때 그리고 간도 지역은 일제의 남만철도부설권 획득 당시 간도조약에 의해 만주 땅으로 이속시킨 것이니 아픈 역사를 알면 정말로 가슴 아픈 일이 된다.

집안으로 가려던 우리 일행은 연변에서 오는 놀이패와 만나기 위해 또 다른 우리 지역인 통화通化를 추가 답사했다. 그쪽에서도 자주 여행 기회가 없던 차에 같은

호흡을 하는 풍물놀이꾼이 합류하는 모습은 감격적이었다. 놀이와 사물놀이 음률과 춤사위는 또 다른 언어이다. 곧 어울리는 한마당놀이로 하나 된 동족애를 느끼면서 맞춤, 돌아가는 맞춤은 멋있었으나 익숙하지는 않았다. 몇 사람과 이야기를 나누었으나 우리가 알고자 하는 정보는 쉽지 않은 듯했다.

통화에 마련된 우리 숙소는 중국은행·농업은행·상공은행들에 둘러싸인 금융가 건너편에 있었다. 잘 정비되어 가는 도시로 저 변방 동북삼성 오지까지도 이렇게 활발한데 저 북한쪽은 어떨 것인가.

집안시集安市로 들어가는 입구인 관마산성關馬山城 길을 거쳐 50㎞ 험준한 요새를 지나 막히고 좁게 느끼는 지역에 당도했다. 드디어 사방이 산으로 둘러 처진 압록강변의 옛 고구려 유적 덩어리, 옛 고구려 수도의 하나인 곳으로 들어왔다. 제일 먼저 만난 유적은 광개토대왕릉비廣開土大王陵碑였다. 호태왕릉비好太王陵碑라고 부르는 이 비는 생각보다 웅대했다.

단층형의 대형 비각에 모셔져 있으나 5.6m 높이의 거대한 암석에 사방으로 새겨진 비문들은 식별하기 어려울 정도다. 호태왕릉비는 1884년 쓰러져 있는 비석을 발견하고 이끼 낀 비문을 읽기 위해 소똥을 발라 태웠다.

그 과정에서도 비문 훼손이 있었지만, 변조 훼손에 대한 의문이 끊이지 않는다. 일제가 그리고 중화가 무슨 짓을 못했겠는가. 그러나 이 호태왕릉비는 중요한 몫을 해냈다. 세세히 적힌 사적이 고구려의 진솔한 역사의 산 기록이 된 것이다. 호태왕이 우리 역사를 지켜준 것이다.

호태왕릉비 뒤쪽 서북방 200m 지점에 광개토대왕릉(太王陵)이 있다. 거대한 석재로 방형方形 기단을 쌓고(한 변의 길이 66m), 기단 내부는 깬 돌과 자갈을 채워 본래는 7단까지 쌓은 것으로 추정된다. 현재 높이는 14.8m로 그 형태를 알 수 없을 정도로 파괴되어 있다.

기단 주위에는 거대한 둘레 돌(護石)이 각 변마다 5개씩 받쳐놓은 것이 아주 특이한 모습이다. 문화혁명 때 일부러 파괴했다고는 하나 고구려의 거대한 힘을 느끼게 하는 곳이다.

이어 장군총將軍塚·장수왕릉長壽王陵도 같은 돌무지 돌방무덤으로 가장 잘 보존되어 있다. 기단의 호석이 3개씩이고, 7단의 피라미드 형태로 호태왕릉비보다는 작다. 장군총 1호 뒤의 고인돌 아닌 석관묘의 노출 부분 모습은 굉장하다. 많은 유적 중 그 일부만을 보고 있지만 그 기상을 느낄 수 있다.

고분군 중 다석무덤 5호묘五號墳 지하묘 벽면에는 특이한 수레바퀴신, 소머리신, 용면입신龍面人身의 괴수 등이 연꽃무늬로 장식되어 있다. 천정석에는 청룡과 백호, 즉 용호상박의 모습을 그렸는데 습기로 인해 색이 퇴색되고 훼손된 것이 가슴 아팠다.

환도성丸都城과 국내성國內城은 바로 집안이다. 환도산성은 집안시 통구평원의 서북쪽 집안시에서 2.5㎞ 지점에 위치해 있으며, AD 3세기경(유리왕 22년)에 고구려가 국내성으로 수도를 천도하면서 적의 공격에 대비하기 위해 국내성에서 가까운 산에 축조한 산성이다. 처음 산성의 이름은 위나암성尉那巖城로 고구려의 전형적인 성터이다. 최초 궁터 발굴 현장은 지정한 듯하나 왕궁터로는 너무 좁다.

평지의 국내성과 환도산성의 관계로 보면 어떨까 생각해 본다. 성하고분군城河古墳群의 위용은 말 그대로 장관이다. 환도산성 아래 통구하通溝河 골짜기에 1000여 기가 있다고 한다. 대형의 계단식 돌무지무덤으로부터 돌방흙무덤·돌방벽화흙무덤으로 구성된다. 형총兄塚·미인총美人塚·귀갑총龜甲塚과 연화총蓮花塚·왕자총王子塚이

대표적이다. 그러나 묘지가 이동하는 등 옛 모습과 다르다는 이야기들이 듣기에 즐겁지 않았다. 필요에 의해 옮기는 것이 아닌지 안타까운 심정이었다.

국내성은 길림시·집안시 압록강변에 자리 잡은 고구려의 두 번째 평지 도성이다. 『국사기』와 『삼국유사』모두 유리왕 때 졸본성에서 국내성으로 수도를 옮긴 것으로 되어 있다. 중국의 침투에 밀려 용산龍山과 환도산·칠성산이 병풍처럼 둘러싸고 있고, 남쪽으로는 압록강과 통구하를 끼고 있는 배산임수背山臨水의 천연 요새로 옮긴 것이다. 석성으로 이루어진 국내성 안에는 아파트가 들어섰으나 잘 보존된 부분이 많이 남아 있다.

압록강나루에 이르렀을 때 계속 내린 비로 황토색 강물이 강폭을 넓히며 흘러가고 있었으나 북녘 땅은 지척이었다. 강을 사이에 두고 양안에 서면 대화가 가능할 것 같다. 한여름 비가 쏟아지는 가운데 건너 보이는 우리 땅도 푸른 산야 그대로였다. 멀리 막사처럼 줄지어 늘어 선 집들이 보이지만 사람의 모습은 찾아보기 힘들다. 이쪽 땅에는 수많은 관광객이 나루터에 북적이고, 배로 압록강을 누비고 다니건만 건너편은 무반응 무표정이다.

8월 22일의 홍수는 신의주평야를 덮쳐 큰 수해를 입혔

으며, 유엔에 구호신청을 했다는 보도다. 우리는 그 날 비 내리는 집안시의 한 식당에서 방목한 소고기로 포식하며 다이어트를 걱정하고 있는데, 저쪽은 기아선상에 있다니 이런 모순이 또 어디 있을까.

압록강 너머의 땅을 자꾸 뒤돌아보면서 비 눈물 속에서 가슴을 쓸어내렸다. 그리고 며칠 후 만포에서 건너온 검은 열차 무리(김정일 일행)가 우리가 밟아온 길을 따라 집안으로 넘어와서 통화를 거쳐 북상하고 있었다(2010년 8월 26일, 0시). 우리가 자유로이 집안에서 압록강을 타고 만포로 가는 날은 언제일까.

집안에서 심양까지 되돌아가는 긴 여정에 나섰다. 중도에 청나라를 세운 누루하치 생가(Qing Yang Tomb)을 답사하고 늦게 심양으로 귀환했다. 이 지역을 총람할 요령성박물관은 월요 휴관으로 관람하지 못한 아쉬움을 간직한 채 청나라의 행궁 심양고궁沈陽古宮을 답사하는 것을 마지막으로 역사 탐방의 막을 내렸다.

역사의 평가는 다시 해나가야겠지만 우리 역사의 뿌리를 찾아간 우리는 누구인지, 우리 역사를 왜곡하고 훼손하려는 역사 침탈의 그늘도 함께 느끼고 돌아온 울분은 지울 수가 없다.

# 02

원형사관 비교

한민족의 창조적 DNA와

# 한민족의 창조적 DNA와 원형사관 비교

## 창의력의 원천

우리의 평화사상 건국이념인 단군조선의 홍익인간이란 말은 아무리 들어도 질리지 않고, 아무리 퍼내도 마르지 않는 샘물처럼 한민족의 가슴 속에 있는 깊은 심연이다. 홍익인간 사상은 고조선 건국이념으로 명시된 대로 널리 모든 사람을 이롭게 하는 평화와 감성의 로고이다.

고대 홍익인간과 고조선의 풍류도에 연유하는 민족의 연계 고리를 찾아야 한다. 자기 영토 내의 모든 것을 자국화 하는 중화사상으로 지워지고, 식민사관 주입을 위해 말살해버린 민족정기를 되찾아 진정한 창의의 원천을 발원해야 한다.

중화사조, 즉 사대주의와 식민사관을 벗어야만 우리의 적극적인 창의의 DNA를 복원할 수 있다.

오늘날 자유분방한 한류 스타들의 세계적인 활약상은 분명 한민족의 문화 유전자가 분출하는 모습을 보여주는 듯하다. 중국인이나 일본인이 갖추지 못한 탄력 있는 동작과 재미있는 스토리는 그들이 갖지 못한 신바람과 신명의 소산이다.

국내 인기 드라마 〈대장금〉이 동남아를 휩쓸고, 중동 지역까지 폭발적인 인기(이란 시청률 85%)를 누렸던 것도 탄탄한 스토리 외에 우리의 감성적 사고가 그들에게도 공감할 수 있다는 높은 가능성을 보여주었다. 이 같은 한민족의 위대한 창의력에 바탕을 둔 세계적인 발명 유전자는 오래 전부터 이어져 왔다.

구텐베르크보다 78년 전에 발명한 현존하는 최고의 금속활자 직지直旨[15]를 비롯하여 8만대장경 목판본의 인쇄문화는 우리 민족의 독창적인 문명 DNA의 발현이다. 또 세종대왕이 창제한 훈민정음 한글은 세계 최고의 문자로 인정되어 세계기록문화유산으로 지정되어 유네스코에 등재되어 있다.

---

15) 직지심체요절. 충도 청주에 있는 흥덕사란 절에서 1377년에 금속활자로 찍어 낸 책으로 세계에서 가장 오래된 금속활자 인쇄본. 유네스코 지정 세계기록문화유산 중 해당 국가에 있지 않은데도 선정된 유일한 예이다. 하권이 프랑스 국립도서관에 남아 있다.

우리나라는 한글을 통해 최저의 문맹율과 강력한 IT 인프라를 구축하여 과학성이 입증된 한글의 세계화도 논의할 수 있게 되었다.

그리고 임진왜란 당시 최초의 철갑선인 거북선의 발명도 기록될 만하다. 돌격선인 거북선과 더불어 이순신 장군의 23전 23승의 전적과 전술 등은 면면히 이어온 우리 민족의 과학기술 그리고 전술적 우월성을 증명하는 우수한 유전자 덕분이다.

넘치는 아이디어와 열정으로 학생들과 기업들이 세계 국제발명대회를 휩쓸기도 하고, 치열한 국제 간의 특허 전쟁에서 분투하는 모습을 볼 수 있다. 우리는 국제 특허 괴물들과의 경쟁 속에서도 특허출원 상위 수준의 발명 강국에 올라 있다.

그러나 기술 수준과 질의 문제는 여전히 남아 있는 듯하다. 최근 우리나라 기업이 지불하는 기술료/로열티 지급액이 해마다 늘어나고 있기 때문이다.[16]

더욱이 선진국들은 특허지식재산권의 중시 정책으로 전환한 지 오래다. 최근 미국무역위원회의 제소 내용도 이미 통상적인 반덤핑 제소보다 특허 관련 조사 청구가

16) 2010년도 기준 10조 원.

넘쳐나고 있다.[17] 미국과 일본은 이미 1980년과 2003년에 정책 전환을 이루었고, 최근 중국마저 지식재산을 '국가 발전 3대 전략'으로 공표했다.

그러면 우리는 어떤가? 늦었더라도 지식재산권 중시 전략으로 긴급히 정책 전환을 하면서「지식재산기본법」에 따라 국가 차원에서 위기감을 갖고 발명특허 진작에 나서야 한다. 다시 전래의 발명 DNA를 자극하는 기폭제로 삼아 우리 기업이 수출을 증대해야 한다. 그래서 중동에 지불하는 기름값과 일본에 지불하는 핵심 소재 대금, 미국에 막대한 로열티를 지급하는 순환구조를 바꾸어야 한다.

세계 기업과 경쟁하는 중심에는 기술혁신과 발명을 빼놓을 수 없다. 없는 기술은 기술료를 주고 사오는 것으로 보충한다. 그러나 기술 발명의 원천을 관리하는 제도적인 틀이 특허라는 방파제가 되도록 공권력이 보호해야 한다. 따라서 정부가 청년기업, 1인기업 창조를 권장하는 내용도 우리가 물려받은 발명의 유전자를 촉발하는 원동력이 되어 세계로 나아가는 기업의 추동력이 되어야 할 것이다.

17) 안현실,「산업정책 읽기」, 한국경제, 2010년 11월 25일자.

# 한국은 신비스런 우뇌형 사회인가

개방화 사회, 정보의 바다에서는 정보 독점이 어렵다. 정보의 공유와 인터넷의 개방구조는 정말로 놀라운 변화를 가져왔다.

정보의 사용은 마르지 않는 샘처럼 체증승수효과마저 나타낸다. 이런 변화 속에서 논리적이고 이성적이며 기계적인 사고, 좌뇌 중심적 관행만으로는 융합시대에 호소력이 부족하다. 가슴·정감 등 감성 요소를 접합하지 않고는 빠르고 메마른 사회를 조화롭게 이끌 수 없다.

사회정신의학자인 이시형 박사에 의하면, 좌뇌가 주로 언어적 사고·지성·논리형인데 비해 우뇌는 이미지적 사고·감성·직관형이라는 것이다.[18]

그 동안 500년의 유교 영향과 근대 학교 100년에 걸친 교육은 논리적이고 기능을 중시하는 좌뇌형 교육으로, 경제사회 발전에 필요한 지식 근로자를 공급해 왔다.

뇌과학자들의 연구 결과를 토대로 인간의 성격과 행동적 특징을 좌·우뇌의 특성에 따라 편의상 유형화 한다면, 한국인은 우뇌형으로 진단한다. 그리고 한서대 조

---

18) 이시형, 『우뇌가 희망이다』, 풀잎, 2005.

용진 교수의 실험 결과에 따르면, 서양 사람에 비해 동양인은 오른쪽 이마가 크다고 한다. 특히 한국인의 70%는 오른쪽 이마가 제일 큰 우뇌안정형으로 분류했다.[19]

여러 요인들을 종합해 보면, 한국은 본원적으로 우뇌형 사회인 듯하다. 우뇌형 사회는 동기가 부여되고 감성이 더해져 신명만 나면 폭발적인 에너지를 쏟아내는 신비스러움이 있다. 창의도 자유로운 감성 그리고 직관력으로 창조된다.

논리적 사고의 결과는 이미 아이디어가 아니기 때문이다. 대표적 우뇌형인 아인슈타인은, 창조란 분방한 감성과 직관의 아이디어를 좌뇌형의 논리적 체계로 수렴(언어화)하는 과정이라고 설파한 바 있다.

한 세기를 넘기면서 세계는 산업사회에서 다시 감성과 문화의 시대로 접어드는 듯하다. 지나치게 좌뇌적 사고로 편중된 사회에서 탈출하는 세기가 될 것으로 보는 사람이 많다. 이는 과학기술 정보사회로 진입할수록 좌뇌적 주도형이 되면서 컴퓨터·로봇 등 기계문명이 대체해 들어오기 때문이다. 인간 상실과 인간적 교호 감정과 감동이 사라진다. 이것이 인류가 추구해 온 20세기 과학

---

19) 앞의 책 31쪽.

문명 사회의 한계다.

　우리는 문화 동력과 창조적 요소를 갖춘 우뇌형 사회에다가 오랜 유교적 전통과 기능면을 중시하는 좌뇌 중심적인 현대 교육을 더하여 좌·우뇌를 무의식중에 적절히 구사할 수 있다는 것은 한국인의 우수성을 입증하는지도 모른다.

　올림픽과 월드컵에서 그리고 아시안게임에서 우리의 기技와 끼氣를 함께 발휘하여 세계의 앞자리에 나아가며, 한류의 영예를 일구어 아시아와 중근동 사람들까지 즐겁게 하는 능력도 갖추었다. 몽매 간에 잊지 못한 선진 그룹에의 꿈도 서울 G20 정상회의를 성공적으로 치러내면서 이루는 듯했다. 더욱이 G7 선진국 회원국 이외지역에서 열리는 첫 회의를 알차게 엮어냈다. 특히 개도국 발전 의안을 다룬 것은 특기할 만하다. 이들은 5천년 역사상 가장 빛나는 업적들이다.

　전세기의 산업사회, 즉 좌뇌 중심에서 우뇌 중심의 연성화·감성의 시대, 문화文化의 시대를 맞아 지금까지의 생각과 틀을 바꾸어나가야 한다. 공정한 사회, 국민의 의무 이행, 법치주의의 재생 등 윤리가 강조되는 사회를 이끌어 다시 우뇌형 사고의 틀을 정비해야 한다.

## 원형사관, 한·중·일의 원형 비교

사가史家들은 원시사회를 선사先史시대라 하고, 이어 역사 시대를 설정하여 인류와 문명의 발전을 엮어가고 있다. 온전한 문자가 없던 시기의 역사들은 설화와 구전체로 전해오던 것을 후세 사가들이 문자화 한 것이어서 역사 시대의 기록이라 할지라도 신화적 요소를 갖게 마련이다.

고대 그리스 신화에서 가까이는 로마 건국 그리고 뒤늦은 일본의 건국신화 등 무수히 많은 신화적 요소의 역사화 과정을 보아왔다. 특히 통치 세력의 권위를 위한 천손天孫사상은 여러 곳에서 볼 수 있고, 우리의 건국사화史話에서도 환인桓因 천제天帝의 강림과 곰으로 표현된 웅족熊族과의 혼인 등(일부 학자들의 설정)으로 인한 인간 단군왕검의 탄생에 이르는 건국의 전개 과정이 너무나 단순하고 선명하다.

단군 선조의 천래설天來說, 아사달 도읍지 천부인의 세 개와 3운사, 3000의 무리 등 나라를 세울 기제를 분명히 갖춘 멋진 사화다. 비록 12세기 때 일연에 의한 최초의 기록이기는 하나 건국연대도 중국의 연대에 따라 그 시기도 분명하다. 동 시대 이승휴의『제왕운기』와 더불어 우리에게 전래되는 최초의 건국사화다.

비록 늦게 기록되었더라도 그간에 많은 사서와 수십 세기를 통한 구전체의 누적은 단순한 신화로 처리할 수 없는 역사적 사건의 반추현상일 수 있을 뿐 아니라 전항에서 운위된 고고학적 발견이 시공의 불확실성은 있다 해도 그 존재의 현실성을 부인할 수는 없다고 하겠다.

최초의 건국사화에서 단군조선의 건국이념이 기술된 것은 특이하다. "홍익인간 사상의 시원을 이루어 홍범문화는 고조선뿐 아니라 고대 중국의 통치제도에도 영향을 끼쳐왔다. 고조선의 정전제井田制를 포함한 농용팔정을 위시하여 오기五記의 천문역법天文歷法과 고대사회의 예절과 법제 등 인간 생활 체험을 거듭하여 이루어진 문화文化[20]로서 전설이 아닌 실증적 문화로 구체화하고 있다.

"홍익인간은 만민에게 균등하게 이익을 보호한다는 것이다. 문사文詞의 뜻으로 해석해도 발전된 현대의 술어에 추호도 손색이 없는 이 말을 우리의 선지자들은 의심치 않고 국시로 채택했다."[21]

---

20) 강무학,『한국인의 뿌리』, 금강서원, 1990, 46쪽.
21) 앞의 책, 16쪽.

반만 년의 오랜 역사성을 내재한 홍익인간 이론이 다시 강조되고 재해석되는 시대를 맞이하는 듯하다. 이 같은 사상은 막연한 것이 아니라 우리 민족사회를 이어 온 '얼', 즉 원형을 이루어 부지불식간에 한민족의 원형에 체화되어 왔다고 생각된다. 고분벽화에 나오는 활달한 기상의 말 달리기와 활 쏘는 모습도 수렵시대의 용맹함을 나타내고 있다.

요동·요서 지방에 남아 있는 성채들도 하나 같이 그들의 강역을 지키는 방어적인 도성으로 석성을 쌓아 외부 침략으로부터 부족을 보호한 것이다.

오랜 세월동안 수없이 이어지는 외침을 막아 낸 방어 본능이 평화사조를 이루어 면면히 이어온 것도 원형 논리의 근거로 만민을 이익이 되게 보호한다는 건국이념도 무관하지 않는 것이다.

대륙으로부터의 압력, 바다로부터의 왜구 침략에 대비한 방어 본능은 침략 없는 평화사상의 원류를 이루어 왔다. 여러 세기에 걸친 집요한 왜구에 대해서 남방 일본 정벌의 보복(침략)을 생각하지 않았다.

세종 내 대마도를 정벌하여 왜구를 근절코사 했으나 영토적인 욕심보다 그들을 조공케 하는 수단으로 얼마

간 평화를 유지한 기록이 있을 뿐이다.

그러나 일본의 경우 수십 세기에 걸친 약탈과 급기야 정한론正韓論이 득세하여 임진왜란의 큰 난리를 겪어야 했다. 그리고 다시 19세기 말, 일본의 침략사욕은 러·일전쟁과 청·일전쟁의 승리로 한반도 강점의 기선을 잡고 대륙 침략사를 펴면서 2차 세계대전(태평양전쟁)을 일으키는 제국주의적 침략자의 첨병 국가가 된다.

돌이켜 보면 한국과 일본은 천손天孫 강림의 건국신화를 내용으로 하는 것은, 일본 천황가가 한반도에서 건너간 사람들에 의해서 이룬 것이라면 당연한 결과라고 할 수 있다. 그런데 일본의 천손 강림신화를 천황 신격화를 위해 변절시켰다.[22]

『일본서기日本書紀』 첫머리에 "여러 나라를 합쳐 도읍을 열어 세계를 하나로 한다(兼六合以 開庵而爲字)"는 문구가 있는데, 2차 세계대전 당시 이를 전 세계를 정복하여 하나의 나라를 만들어 천황가가 통치한다는 팔굉일우八紘一字로 비약시켰다.[23]

이렇게 이어지는 일본의 침략사는 인류에 큰 피해를

---

22) 김용운, 『한민족 르네상스』, 한문화, 2002.
23) 위의 책 32쪽.

끼쳤을 뿐 아니라 그들의 오만이 지나쳐 일본 천황을 중심으로 하는 대동아공영권大東亞共榮圈이라는 황국사관皇國史觀의 과대망상에 이른 것이다.

같은 천손사상이 한쪽에서는 만민위에 평등과 평화사상으로 성화하는데, 다른 쪽에서는 천황가를 만세일계萬世一系한 혈통으로 신성시하는 뿌리부터 다른 근성을 배태해 온 민족 간의 원형 차이를 이루어나간다.

중국은 조선시대로부터 정치적·문화적 교호 관계가 깊었다는 여러 증좌는 인접 지역 국가 간의 당연한 사안이다. 복합 국가였던 고조선과 강성한 고구려가 폐쇄한 이후 한반도 지역으로 좁혀진 강역에서는 원·청·명 등 강대국과의 위아래 무역 형태의 경제적 교류와 조선조에 들어서는 성리학의 발달과 더불어 사대 모화사상으로 선진문화 강국을 숭모하면서도 수많은 침략과 간섭을 받아왔다. 그들은 스스로 중화中華요 주변국은 모두 만족(오랑캐)으로 취급하면서 한족도 동이족東夷族으로 불러왔다.


19세기 말엽 고종 황제 시절 대한제국이 선포되었다. 그러나 진정한 독립은 2차 세계대전 후 대한민국 수립으로 민주주의 체제의 현대 국가로 탄생된다. 그리고 1950년 6·25 한국전쟁의 와중에 당시 중공군의 참전으로 다시 한 번 중국의 침공을 경험한다.

무수한 시련 속에서도 살아남아 군사 정부의 중장기 경제 계획에 따라 지구상 초유의 고속 성장으로 미수교 반적대국인 중국을 앞서기 시작하면서 등소평鄧小平 정부의 개혁·개방의 반면교사 대상이 된다.

다시 말하지만 1992년 중국 대륙 정부와의 국교정상화 당시 4000만 인구의 국민소득 규모는 12억 인구인 중국의 규모를 능가하고 있었다. 반만 년 역사 이래 초유의 사태를 한동안 경험한다. 이후 중국은 사회주의 시장경제 모델을 이해할 수 없을 만큼 빠른 성장 속도를 보인 것이다.

영국 〈이코노미스트〉지에 따르면, 그로부터 매 4년마다 두 배의 성장을 거듭해서 지난해 기준으로 우리 GDP의 다섯 배로 뛰어올랐다. 경제적으로 커진 중국은 미국과 더불어 G2에 이르러 외교·군사적인 힘을 쌓아가면서 중국 본래의 본성을 발휘하기 시작한다.

중국 특유의 여러 공정을 거쳐 마지막 공정인 동북공정으로 역사 왜곡을 시작하면서 저 남해 멀리 있는 이어도 암초의 과학기지에까지 간섭하더니, 동북공정 당시보다 커진 중국은 한민족의 역사를 송두리 채 가져가고 있다. 중국 땅에 있는 문화는 모두 중국문화라는 논지의 탐원공정探源工程이 등장한 것이다.

아편전쟁 이후 170년간 긴 잠에서 깨어나 다시 대국굴기大國屈起로, 강대국으로 위구르 진압, 천안함 사태와 서해 훈련의 태도, 첨각열도尖角烈島 등 남지나해 분쟁, 류샤오보 노벨평화상 거부, 6·25 참전은 항미원조抗美援朝전쟁으로 정의로운 전쟁이란 평가 등 그 방자함과 패권성은 책임 있는 초강대국의 태도가 아니다.

중국의 오랜 사상적 원형을 자기 제일 중화주의 패권사상으로는 세계를 책임지고 이끌어갈 보편성의 철학부터 인정되기 어렵다. 우리는 이런 이웃을 두고 용하게 살아남아 최근에는 이들과 더불어 아세안+3의 중핵국가로 그리고 한·중·일 3국이 이끄는 시대가 다가오고 있다.

지도국 지위 국가, 지도 이념 국가 원형이 제국주의적 침략 근성과 자기 우월적 중화주의로서는 이 시대를 이끌 시대정신으로는 부족하다. 세계를 총괄할 인류 공존의 평화사상이 무엇인지 다시 정립해 나가야 한다.

# 03

아시아의 시원始原문화다

요하문명은 인류 최고의 문명이며

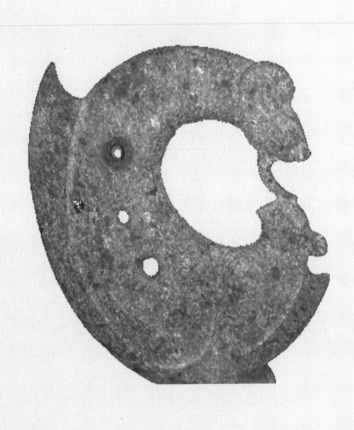

# 요하문명은 인류 최고의 문명이며
# 아시아의 시원始原문화다

## 중국의 역사 공정

과학이 발달된 오늘날에도 인류문명의 시원에 관한 역사 발굴은 쉽게 이루어지지 않는 듯하다. 기록문화보다도 고고학적 발굴에 따라 기존의 통설이 무너지고 새로운 학설이 대두된다. 우리는 그때마다 오랜 역사의 숨결을 현장에 서 있는 것처럼 느끼게 된다.

우리가 고구려사 등 우리 고대사를 말살하려는 중국의 동북공정 진행에 흥분하고 있는 사이, 그들은 그보다 훨씬 차원 높은 고대 역사의 새로운 창조 작업을 진행시켜 왔다.

1980년대 중반, 요녕성의 요서지방 적봉赤峰에서 발견된 오래된 문명의 존재가 세상에 알려지면서 큰 충격을 주었다. 중국이 오랫동안 세계 4대 문명의 발상지 하나로 자부해 왔던 황하문명보다 최소한 2000년은 앞선 요하지역 문명의 유물 발견은 놀라운 것이었다. 한족이 주장하던 만리장성 밖의 오랑캐 지역에서 발견된 문명이 황하의 역사를 뛰어넘는 엄청난 사건이었다.

중국에서는 국민 경제 및 사회발전계획에 따른 5개년 계획과 대 중화 역사 재건의 국가 전략 이행 중 새 문명의 출현으로 고민에 빠졌다.

이를 합리화하기 위해 등장한 것이 하상주단대공정夏商周斷代工程이다. 9·5계획(9차 5개년 계획, 1996~2000)의 일환으로 시작된 고대 왕조의 성립 연대 확정 역사 끌어올리기 공정으로 볼 수 있다.

이집트 역사기행에 자극받은 청화대淸華大 송건宋建 교수의 건의에 따라 역사학자·고고학자·문학자 등이 모여 하·상·주 존속 연대를 상향 확정한다.

기록 문헌상 중국의 역사 시대는 주나라 원년인 기원전 841년이 상한이었다. 그러나 이 공정의 결과 주나라에 앞선 하夏 2070년으로 획정함으로써 무려 1229년을 끌어올려 놓은 것을 위시하여 하·상·주 연표를 공식화했다.

하상주단대공정을 성공적으로 마친 후, 다시 10·5계

획(2001~2006)에 맞추어 본격적으로 중국 고대문명 탐원공정探源工程을 시작하면서 중국의 신화적인 전설들을 중국 역사에 편입하게 된다.

3황5제三黃五帝의 신화시대가 중국 역사로 들어와 중국 역사를 끌어 올려 이집트나 수메르 문명보다 앞선 세계 최고最古의 문명으로 정리해버렸다. 따라서 유교적 도통道通에 따라 황제黃帝－요堯－순舜－우禹－무왕武王－주공周公－공자孔子로 이어진 것으로 된다.

이 과정에서 3황의 하나인 염제炎帝와 황제의 자료를 집대성하여 '염황자료집'을 완간한다. 탐원공정으로 고대 중국문명을 정리하는 거대한 기획 작업의 일부로, 동북지역 역사를 정리하기 위하여 만들어진 것이 2002년부터 시작된 동북공정으로 나타나게 된다.

이 과정에서 중국은 그들의 전통적인 시조로 받들어 왔던 황제黃帝 외에 염제도 신화적 조상으로 편입하여 스스로 염황지손炎黃之孫으로 하더니, 이제는 한민족韓民族의 조상인 치우蚩尤까지도 그들의 조상으로 편입해버린 것이다.

북경에서 서북쪽 120㎞에 위치한 하북성 탁록현에 생긴(1992~1997) 귀근원歸根苑의 중화3조당中華三祖堂에는

바로 중화민족 세 명의 조상으로 황제·염제 그리고 치우가 드높이 모셔져 있다.[24]

중화3조당이 있는 탁록은 황제와 염제에 대항해서 아시아 최초의 대규모 전쟁을 일으킨 치우 황제와의 탁록대전啄鹿大戰이 있었던 곳이다.

그들 스스로 자기네 조상이라던 황제와 싸웠던 동이족의 수장이라 주장되어 왔던 치우를 한족漢族의 조상으로 만들어버린 것이다. 이 치우는 2002년 서울월드컵 당시 붉은 악마의 상징인 그가 바로 치우천황이다.


## 요하문명과 고조선

중국은 역사 공정에 앞서 요서지역에서 발견된 유물들은 5천 년 전의 제단, 여신상·적석총 등 놀라운 유적들을 집체 조사하는 등 면밀하게 이행했다. 그리고 그 결론으로 인류 최고의 문명으로 제5의 문명 존재를 확인한 것으로 발표했다.

이 문명을 요하문명으로 명명하고, 황제를 시조로 하

---

24) 우실하,『동북공정 너머 요하문명론』, 소나무, 2007, 36쪽.

는 한족의 문명으로 연계함으로써 황하 유역에서 발원하여 은·주나라로 이어지는 종전 사학계의 통설을 완전히 뒤집었다.

요하문명 발견과 상고사의 연계 정리와 더불어 중화 민족 개념의 공정으로 티베트 신장 위구르를 중국화하기 위한 서남공정과 서북공정(위구르·신장 대상)으로 한족 이주 계획을 완료하고, 동북공정을 진행하면서 조선족에게는 삼관교육三觀教育을 강화하고 있다고 한다.

이 삼관교육은 조국관·민족관·역사관으로, 조선족은 중국 소수 민족의 하나로 조선족의 역사를 중국사의 일부로 하는 내용을 주입하는 교육이다.

동북공정은 서남공정(티베트), 서북공정(위구르)의 연장선상에서 보아야 하고, 그 위의 탐원공정 등 역사공정을 올려놓고 대大 중화中華의 역사 재창조에 열중하고 있다.

역사 공정이 완성되면 중국 내에 있는 모든 부족은 중국이 조국이 되고, 모든 역사는 중국 것이 되어 고조선의 단군은 물론 고구려의 주몽·광개토대왕까지 중국의 지방 부족 수장으로 전락하는 해괴한 모양새가 된다.

그런데 요서遙西지역에서 발견된 피라미드식 적석총, 빗살무늬토기, 비파형청동검은 중원의 황하문명에서는 나타나지 않고, 한반도 쪽에서 집중적으로 발견되는 유물이라는 사실이다. 이 유적들은 한반도에서 발견되는 전형적인 유물로서, 요하문명이 한반도를 거쳐 일본까지 전래된 동북아문명의 시원이었다는 움직일 수 없는 증거이다.

고조선이 이 지역에서 발원했다는 내용의『산해경山海經』과『시경詩經』의 움직일 수 없는 기록에서 보듯이, 동이족의 나라 고조선과 고구려의 발원 지역인 것이다. 그런데 문명의 주인공이 뒤바뀐 채 중국의 역사 공정이 진행되고 있다.

고대로 올라갈수록 "역사는 흐름과 교류의 결정체"라는 중국 측 주장을 감안해 여러 상항을 종합하더라도, 고조선의 활동지역은 한반도 일부와 만주지역에 존재한 것이 된다. 활동 연대도 거의 기원전 3천년 가까이 거슬러 올라간다고 보아 단군 역사와 비슷하게 된다.

역사 기록이 없는 전설상의 시대를 자국의 역사로 만들기 위한 역사 공정을 통해 중화민족의 역사로 재창조하는 과정을 보면, 우리의 상고사는 더 멋지고 논리적이라고 할 수 있다.

요하문명 중심지인 우하량牛河梁 지역의 홍산문화만기紅山文化晚期(BC 3500~3000)에는, 신석기시대에서 청동기로 진입하면서 이미 초급 문명사회에 진입한다고 한다.

본격적인 동석병용銅石甁用 시대인 소하연小河沿문화(BC 3000~2000)의 배경이 되는 시기가 단군조선의 개국 시대와 맞닿았다는 것은 단군이 단순한 신화가 아닌 실존 단군시대를 뒷받침하는 것이기도 하다.


## 요하문명은 인류의 최고 문명이며
## 아시아의 공동 역사이다


전 세기 말엽 발견된 요하문명의 출현이 공교롭게 세계 문명의 동진 과정에서 나타나면서 중국의 현대화와 막강한 경제 파워와 함께 다민족 국가를 한족 중심의 세력화로 집약해가는 과정을 눈여겨 볼 수 있다.

중국의 동북지역 만주 요하 일대의 문명은 늦게 발견되었으나 황하문명보다 앞선 신석기시대의 유물이다. 중국 안에서 발견됨으로써 모두 중국제일봉·중국

제일촌 등의 중국 명칭을 붙여 자국화하고, 고대 황제의 자손으로 연결하여 자국 역사로 편입하면서 대외적으로는 소수 민족과 티베트 위구르·몽골제국·고조선과 고구려 강역 등을 완벽하게 중국의 역사로 선포하고 있다.[25]

그러나 이곳에서 발굴되는 문화적 요소들이 황하권 중원문화와는 다른 북방계 문화다. 고조선만의 특유 문명으로 요하지역에 널려 있는 유적들 가운데 치稚[26]가 있는 석성·적석총·고인돌 등은 고구려로 이어진 전형적인 형태로 만주 남부와 한반도 쪽으로 이어져 있다.

중국 내에서 비교적 말썽이 없는 티베트 장족藏族을 제외하면, 위구르족만 해도 인접한 투르크메니스탄은 이슬람문화의 혈족국이 존재하고, 우즈베키스탄 등 탄국과 터키까지 투르크족(돌궐족)에 둘러싸여 있다.

베트남 북부·몽골·북한과 한국, 멀리 일본까지 직·간접의 혈연국가들 그리고 역사를 공유하는 나라들이 조용히 있을 리가 없다.

---

25) 이민화,『유라시안 네트워크―스마트 코리아로 가는 길』, 새물결출판사, 2010.
26) 성벽의 일부를 밖으로 돌출시켜 성벽으로 접근하는 적을 입체적으로 공격할 수 있도록 한 석곽 시설물 중의 하나.

이와 같이 요하문명 관련국들은 중원의 한족과 분명히 다른 것이 하나 있다. 말이 다르고 어순이 다르며 푸른 반점이 있는 민족이 많다. 이는 요하의 적봉지구를 가로질러 펴져 있는 몽골리안과 관련이 깊다고 한다. 오늘날 중국 내 사정으로 넘기기에는 역사 독점 사태는 인접국의 반발을 사게 될 것이다.

유럽에서도 서구문명의 기원으로 '에게문명'이 뒤늦게 등장함으로서 문제가 된 적이 있다. 19세기 중엽까지 전혀 알려지지 않았던 문명이 독일의 고고학자 H. 슐리만과 영국의 아서 J. 에번스가 크레타 섬의 크노소스에서 궁전 유적을 확인함으로써 그 실체가 드러났다.

주변국들이 서로 "에게문명은 자기 나라에서 시작된 것"이라는 주도권 다툼이 있었으나, 이제 에게 해 일대에 산재한 에게문명은 유럽의 공동 문명으로 받아들여지고 있다.[27]

어떻게 보면 우리는 중국에 대해 주눅이 들어 있는 듯하다. 과거 우리 역사에 문을 닫아걸고 역사적인 사실조차도 익히지 않는다. 우리가 오늘의 중국처럼 고대 역사

27) 우실하, 『동북공정 넘어 요하문명론』, 소나무, 2007.

에 관심을 둔다면, 요하지역으로 뛰어들어 단군 기원에 접속해야 하지 않는가.

한때 '흐름과 교류'의 역사관을 놓고 젊은 학생들의 필독서가 된 책이 있다. 영국의 사학자 에드워드 H. 카(1892~1982)가 쓴 『역사란 무엇인가』이다.

그는 "역사란 현재와 과거의 끊임없는 대화"로 정의하고, 대화는 "현재에 속하는 역사와 과거 사실(Fact)의 지속적인 상호자용"이라고 했다. 과거에 뿌리 없는 미래를 상정할 수 없듯이 대화 지속성은 역사 속에서 찾아야 하지 않겠는가.


우리는 요하에서 역사의 지분을 찾아야 한다. 한민족 거레가 황제黃帝의 자손이 될 수 없고, 전설의 황제보다는 단군의 사화가 선명하고 창조적이다. 고고학적 자료가 은폐되지 않고 쌓여 간다면 황제와 그 후예들의 것이 아닌 그들이 지적한 동이족의 몫이 늘어날 것이다.

비록 그들이 실효적 지배를 하고 있는 땅에서 이루어지고 있는 일이지만 역사의 공유는 불가능한 것이 아니다. 재야 사학자들이 연구 발표한 많은 사료나 고증 자료에 의한 고조선과 고구려 강역에 대한 주장들이 요하문명에 의하여 그 사실이 뒷받침되고 있지 않은가.

훼손되었던 사료보다 더 믿음직한 유물과 유적이 쌓여가고 있다. 조선조의 의궤 반환이 실현되고 있는 시점에서 일제가 말살했다는 우리 고대사 사료들 중 많은 것들이 남아있을 가능성이 높다. 때문에 그들이 침탈해 갔을지도 모르는 일이므로 깊이 협의해 볼 만하다.

이민화 박사의 의견대로 몽골리안 네트워크도 필요하다. 어떻게 보면 요하문명은 몽골리안의 시원일 수도 있고, 중원과 연계된 인류 문명의 시원이 될 수도 있다. 역사가 존재 하는 곳(땅)을 기초로 보지 말고, 역사의 흐름과 교류로 보는 대승적 노력이 필요하다.

특히 이 지역과 인접한 역사를 함께 공유하는 한·중·일·몽골의 공동 관심 사료들이 동북아시아의 새로운 역사 시대를 열어가는 관용과 슬기가 필요하다.

문화가 결핍된 초강국 이웃을 원하지 않는다. 서방 세계가 우려하는 보편주의 가치를 넘어, 중국 고유의 문명 방식으로 서구의 짧은 역사 사고방식에서 벗어나 5천년 역사의 연장된 시간 척도에 동승하는 역사 공동체의 일원이 되어야 한다.

중국이 홍콩을 반환받으면서 기존의 자본주의 체제를

그대로 두고 일국양제一國兩制를 했듯이, 동북아東北亞 문화 공동체의 선행 요건도 바로 일사병용一史竝用 또는 이국일사二國一史로 정리하면서, 먼저 역사의 소통으로 동북아를 묶는 계기를 만들어야 할 것이다. 그렇게 되면 자연스럽게 홍익인간弘益人間 이념은 새로운 세계의 시대정신이 될 것이다.

# 04

아시아적 가치의 복원

아시아의 비전과

# 아시아의 비전과 아시아적 가치의 복원

## 한·중·일의 역사 바로잡기 공조와 아시아 비전

한반도 북부와 만주 일원에 걸쳐 영위되었던 고조선 제국과 그 뒤의 열국시대를 지나 고구려로 이어진 한민족의 북방北方 시절은, 강대했던 고구려 멸망(AD 668)으로 북방의 역사 기술은 강자의 논리로 씌어져 왔다.

한민족 역사가 한반도로 수렴된 이후에도 대륙의 위압으로 그리고 내부적으로는 한때 사대주의 폐해로 왜곡된 내용의 현실을 보아 왔다.

대륙의 문명을 일본에 전하면서도 수없이 많은 왜구의 침략과 식민지배에 이르기까지 의도적 역사 조작의 기록이 지워지지 않고 남아 있다.

1905년 외교권을 상실한 대한제국의 영토 일부를 그들 현縣의 영토로 복속시켜 놓고, 지금까지도 독도를 그들의 영토라며 억지 주장을 하는 것이 그 한 예다.

일제의 침략은 한반도에 그치지 않고 만주사변을 일으켜 괴뢰정권인 만주국을 의제하고, 급기야 중국 본토를 침탈하면서 또한 많은 역사적 사실의 훼손하면서 말살과 왜곡을 일삼았다.

세계대전이 끝난 후 일본의 간헐적인 사죄나 보상은 난해한 말을 동원하면서도 심금을 울리는 진정성이 전해지질 않았다. 독일이 이스라엘이나 피해국에 행한 엄한 사죄와는 너무나 거리가 있다.

중국은 56개 종족의 다민족 국가라고는 하나 토착 소수 민족을 제외한 위구르 지역과 티베트가 중요하고, 만주지역의 조선족이 인접해 있는 한국과 북한과 연계되어 있다.

이처럼 엄연히 주권 국가인 영토 내 조선족을 그들의 소수 민족인 지방 부족으로 만들어 우리의 고구려사 이전의 한민족 역사를 그들 것으로 만드는 공정(Project)이 완결되어 있다.

이렇게 놓고 보면 3국은 인접한 지역 국가로 역사가 엉켜 있으면서도 타국의 역사를 존중하기는커녕 자국 편의대로 강자의 논리로 정리되어 왔다. 문제는 고조선·

고구려와 발해 역사까지도 중국의 변방으로 조작하고 있다.

특히 고구려의 개국과 주몽의 도읍산성인 오녀산성五女山城, 즉 옛 이름 졸본성卒本城을 그들의 유산이라며 '고구려 왕성과 왕릉 및 귀족 고분'으로 세계문화유산에 등재(2004년 7월)할 때도 북한이나 우리 정부는 침묵했다.

중국 정부는 동북공정 관계로 여론이 나빠지자 우다웨이武大偉 당시 외교부장을 보내 해명하면서, 역사 왜곡이 아니고 교과서에도 기술하지 않겠다고 했다. 그러나 문서가 아닌 구두 약속만 하고 간 것은 너무나 잘 알려진 사실이다.

중국이 동북공정으로 고구려를 자국 역사화 한 조치는 일본의 역사 왜곡보다 근원적이고 원색적인 면이 강하다.

최근 중국 CCTV의 유명 강사가 동북공정을 비판하면서, "일본도 역사 교과서를 왜곡하지만 중국만큼은 아니다. 중국 역사 교과서에 진실은 5%도 안 되고 대부분 완전히 허구다"라고 강의해 화제가 된 적이 있다.[28]

---

28) "日보다 심한 中 역사 왜곡", 조선일보, 2010년 8월 16일자.

근년에는 서해 쪽에 엄청난 사건이 많이 발생했다. 천안함 격침, 연평도 포격 사건, 중국 어선의 영해 불법 침범 포획 사건 등의 사건 사고 속에서 경험한 중국의 태도는 너무나 큰 실망을 안겨주었다.

외교적으로는 전략적 동반자 관계와 부주석 시진핑習近平이 쏟아 낸 원조성전援朝聖戰으로 인식되는 6·25에 관한 시각 차의 행간을 제대로 간파하지 못한 것은 우리들의 실책으로 받아들여야 한다.

오랫동안 동아시아의 패자였던 중국이 다시 강자로 부활하면서 옛날의 조공체제 향수를 꿈꾸는지도 모른다. 경제적으로 그리고 군사적으로 강대국이 될 중국이 최근 바다를 맞대고 있는 이웃나라들과의 영토적 마찰도 이러한 우려와 불편함을 드러내는 것으로 볼 수 있다.

19세기 영국 중심의 세계에서 20세기 미국의 세기를 지나, 이제 아시아 중심의 세기가 성큼성큼 다가오고 있다.

그럼에도 그 길목에서 역사적으로 깊이 연계된 인접국 효과는 불신과 아전인수 격으로 그리고 옛 강자의 논리로 치닫게 하는 것은 시대적 논리에 맞지 않는다. 따라서 역사의 받침대가 될 동아시아 국가들의 역사 인식이 바로 서야 한다.

이제 역사는 진실한 방향으로 진화해야 한다. 수십 세기 동안 패권국과 더불어 그 간의 문명 흐름의 하방下方 국가인 자칭 중화中華의 주변국들의 주권主權과 문화가 존중되어야 한다.

대륙과 해양국가 사이에서 문명의 흐름을 중단 없이 유전流轉시킨 한민족의 본류 근원이 소명되어야 한다.

대륙과 해양으로부터 수많은 침략을 당한 한반도의 절규를 들어야 한다.

한 번도 침략의 역사가 없는 한민족의 중간자적 정당성에 귀를 기울여 과거사가 청산되고 훼손된 역사는 복원되어야 한다.

아시아 세기의 역사 복원과 협조와 더불어 아시아를 하나로 묶어 세계로 통합하고 이끌 사상적 이념 비전이 제시되어야 한다.

중국의 가파른 성장 뒤의 어두운 그림자들이 특유의 자본주의 물결을 타고 가는 사회주의 모델의 잠재 성장 능력의 지속 여부 등 중국 내부의 구조 개혁과 혁신이 시급하다는 경고음이 나오고 있다.

성장의 급격한 둔화가 올 경우 빈부 격차와 도농都農 간, 내륙 간의 불균형 문제 등 성장 중국의 2중 구조의 조절이 어렵다.

한계에 이른 공산주의 핵심인 명령 경제를 폐기한 중국공산당 정권은 통치의 정당성을 상실한 상태다. 사회 통합과 위계질서를 존중하고 오랜 공자의 통치이념을 채용하려 한다.

대·내용· 통치이념이 아시아적 세기의 비전으로 세계를 움직일 수 있을 것인가. 상생 평화의 세기에 대체될 사상적 기반을 찾는 노력이 필요하다.

냉전 구도의 편 가르기나 힘의 대결은 20세기 유물로 처리하고, 그 자리에 평화사상인 21세기 홍익인간 정신을 접목해 봄직하다. 홍익정신은 인간을 널리 이롭게 한다. 21세기의 글로벌 정신문화에 정확히 부합된다.

인류에게는 새 시대의 새 문명, 세계인의 평화 철학 인류애를 포괄하는 Global Welfare로서 홍익인간 이화세계 철학을 아시아적 비전으로, 21세기의 대망 사상으로 선포할 수 있다.

아시아권에서는 천인합일天人合一의 홍익 철학을 전파하면서 통합과 문화 융합·관용·포용의 사상으로, 일찍

이 안중근이 설파한 아시아적 평화체제로 아시아적 공동체를 이끌 수 있을 것이다.

한국은 구체적으로 홍익인간 사상을 평화의 국시國是로 삼아 교육 목표를 홍익정신에 두며, 그리고 한민족 특유의 창조 DNA 홍익의 기질을 기려 세계 문명에 기여하는 길을 열어야 한다.


## 아시아적 가치(Asian Value)[29]의 복원

서양과 달리 아시아의 문명적 가치를 이야기 한 것은 70년대 한국을 위시하여 홍콩·싱가포르·대만 등 네 마리 용의 경이적인 성장세를 보고, 아시아의 가부장적 유훈이나 권위주의가 성장의 동인이었다고 본 데서 비롯된 듯하다.

싱가포르의 리콴유李光耀 전 수상이나 말레이시아의 마하티르Mahathir Mohamad 수상 등 다소 권위주의적인 정치 리더들이 즐겨 사용하기도 했으나, 1990년대 후반의 외환 위기 등 미증유의 금융 위기를 겪었을 때는 오히려

29) "21세기의 새 한국 전략", 시사금융, 2011년 1월호, 권두평론.

아시아적 가치가 그 요인인 것처럼 폄하되기도 했다.

아시아적 가치는 아시아 문화권이 간직하고 있는 독특한 가치체계로서 공동체가 강조되고, 국가 통치이념의 배경이 된 유교의 영향을 무시할 수 없다.

1997년 IMF 위기 때나 2000년대 초 정보기술/IT 버블의 붕괴 때도 빠르게 위기를 탈출하는 저력을 보였고, 2008년 미국 발 금융 위기 때도 예상을 뒤엎고 다른 지역보다 앞서는 회복력을 과시했다.

뉴욕 발 금융 위기가 실물과 괴리된 금융이 탐욕스런 이윤 극대화를 추구하면서 그리고 그 뒤 서유럽의 재정 위기로 이어지는 금융과 재정의 복합 위기에 봉착했을 때도 상대적으로 건전한 아시아적 균형(실물 대 금융)이 새로운 상징적 가치를 연상케 하는 것인지도 모른다.

세계화의 물결을 타고 오는 세계의 보편적 가치 체계와도 만나면서 면면히 이어온 동양의 고유 가치가 수호되어야 하는가 또는 수정되어야 하는가의 과제도 등장할 것이다.

서구적인 경제 근대화 모델을 과감하게 받아들여 경제 부흥을 이루어 다음 세계의 중심이 아시아/중국으로 이동하면서도 아직 정치적 근대화에는 해답이 없는 셈이다.

서구의 여러 나라들이 인권·법치·다당제의 의회 민주제도와 같은 보편적 가치를 추구하는 과정에서 중국의 기여는 없어 보인다. 아시아를 넘어 세계를 포괄하는 대국이 되려면 아시아와 더불어 서양의 보편적 가치 체계도 존중하는 수용 능력이 중요하다.

하지만 여러 고비의 위기를 넘기면서 아시아적 가치가 빛을 잃지 않는 이유는, 오랫동안 이어온 동양적인 사유 체계 속에 사랑과 도덕, 사람과 자연 그리고 동양사회의 미덕인 사회 구성적 가치를 바탕으로 하는 여유와 자족함이 깔려 있기 때문이다.

일부 학자들은 중국의 노자와 장자의 무위자연론無爲自然論 사상을 도입하여 아시아적 개념의 확장을 주장하기도 한다.

노자의 무위자연론은 국가의 간섭을 배제한 자유방임론과 맥을 같이 한다고 해서 아담스미스Adam Smith나 하이에크Friedrich August Von Hayek보다 앞선 시장경제론자라는 주장을 하기도 한다.

새로운 아시아의 시대를 준비하면서 아시아적 가치는

새롭게 정립되고 가다듬어 새 세기의 시대정신으로 이끌어가기 위해서는 면면히 이어온 역사 공동체적 경험을 집대성할 필요가 있다고 생각된다.

나아가 인류 대망의 항구적 평화공조 사상으로 승화할 수 있는 길은 홍익인간 정신을 원용하는 것이라 생각된다.

세계 3극 체제로 발전하는 과정에 공동체적 기반 확보는 홍익인간 이념의 공동체적 우선주의로 조정하는 지혜와 유장함이 새로운 가치로 평가된다.

# 05

평화 DNA 전파

홍익인간과

# 홍익인간과 평화 DNA 전파

2010년 11월, G20 서울정상회의는 세계의 주요 문제를 다루는 국제 협력의 최상위 포럼으로 자리매김하는데 결정적인 역할을 했다. 핵 위협의 최전방에 놓인 한국에서 다시 2012년 세계핵안보정상회의가 열리면서 핵의 평화적 이용과 관리에 관한 세계적 관심을 모으고 있다.

5천년 역사상 처음으로 세계의 주요국 정상 모임을 잇대어 서울에 초청하여, 경제 문제를 포함한 세계의 현안과 핵 위협에 놓인 세계 안보와 평화 문제를 다루는 일은 범상한 일이 아니다. 최고의 회의를 주제하고 의안을 결정하는 의장국으로, 대한민국 대통령은 주빈으로서 열강 정상들의 의견을 조율하는 모습은 당당했다.

변방에서 세계 주류 문명권에 진입한 듯한 희열도 느꼈다. G20과 G50 정상회의 의장국의 성공 경험은 우리의 프라이드요, 높아진 국제적 신뢰관계를 미래 자산으로 그리고 국익 확장의 발판으로 발전시킬 길을 열어놓았다.

이와 같은 초대형 세계 정상회의가 이곳에서 열린 것은 우연한 일이 아니다. 원래 한민족의 평화사상과 인류애는 우리의 피를 타고 흐르는 오랜 DNA 한민족의 원형인 홍익인간弘益人間 사상에 기반을 둔 민족적 염원이 이루어진 것이다.

평화를 바라는 한민족의 위대한 원형의 승화를 통해서 홍익인간 이념으로 민족의 문제와 세계의 문제를 풀어가는 홍익인간 세기의 창발을 기도하고 전파해야 한다.


중국의 지도자 등소평에 의하여 주도된 개방 체제 30년의 성공은 중국이 세기의 강자로 떠오르면서, 이념적 공백을 메울 수단으로 기원전 6세기에 살았던 공자(BC 551~479)에게 길을 묻고 있다.

한때 철저히 배격되었던 유교 교리도 개방 시기에 맞춰 산동성 곡부曲阜의 공자묘 재단장을 시작하더니, 각급 학교에서는 유교 경전이 읽혀지고. 중국어 학당에도

'공자학원'의 이름을 붙여 세계 100여 개 국에 진출하고 있다.

한때 중국 고위 관료들의 필독서가 된 영국의 마틴 자크 Martin Jacques의 저서『중국이 세계를 지배하면 When China rules the world』(2009)에서는 "공자는 중국 역사상 가장 영향력 있는 사상가이며, 공자 사후 2천 년이 넘는 세월동안 그의 가르침이 중국문명을 형성했다"고 중국인을 고무하고 있다.

공자의 사상은 오랜 통치 원리로서 도덕을 강조하고 안정과 통일을 우선시하는 교리로서 퇴색한 공산주의 대체 논리를 모색 보완하는 듯하다.

그러나 유교를 정밀하게 해부했던 막스 베버의 논리는 유교적 합리주의는 세계에 합리적으로 순응하는 것으로 보고, 청교도적 합리주의는 세계를 합리적으로 지배하는 것을 의미한다고 했다.

베버는 유교가 정적靜的인 세계관 때문에 긴장감이 결여된 체제[30]라고 평가했던 일이 있다. 다시 말해서 같은 합리주의 적용에서도 유교의 정적 세계관을 본 것은 베

---

30) "유교가 아시아의 세기 감당할까", 중앙일보, 2010년 3월 2일자.

버의 형안인 것 같다.

성장하는 중국이 다가오는 아시아 시대의 중심 국가로서 세계의 지도적인 대안 국가로서의 지위를 이어받을 것인지에 관해서는 몇 가지 개념들이 선명해져야 할 것으로 생각된다.

먼저 세계적인 지도국이 될 대안적 능력이 검증되어야 한 것이다. 지도국이 될 책임 의식과 희생하는 대가도 부담할 수 있을 것인가와 지식·경제·자원 등의 검증이다.

외교 능력에서도 인접국 관계로부터 세계 지도급 국가다운 대국적 외교 능력 그리고 세계를 이끌어나갈 시대적 지도 이념을 향유하고 있는가 하는 것들이다.

공산주의 전체주의의 정체를 유지하면서 자본주의 시장경제를 채용하여 성장으로 팽창일로에 있으면서 경제적 부富와 사회적 문제군群을 함께 키워오고 있다.

이원적 체제를 엮어오는 중국 특유의 방식으로 이념적 공백의 공간을 수천 년의 연륜을 쌓아온 중국 고래의 유교사상을 묘방으로 처방하고 있다.

최근 힘이 강해진 중국의 행동 방식이 달라지듯 본래

의 중화中華사상을 원형으로 하는 조공 체제나 수직적인 화이華夷 질서를 연상케 하는 것을 보아왔다.

위구르/신장 지역에 대한 초민감 반응, 티베트 지역에 대한 오랜 인종 동화 정책, 동남아 국가와 자원 부존 국가 등 해역의 분쟁 그리고 최근 북한에 대한 경제 지원과 부당한 옹호 행태로는 세계 지도국의 대체재로 인정되기 어렵다.

우리는 만주지역에서 막강한 세력이었던 고조선과 고구려의 강역에서도 그 막강한 힘을 침략에 이용하기보다 항상 방어적 백성 보호의 평화적 목적에 사용했다. 훈강과 요하지역의 고구려 성들이 모두 방어 목적으로 축조된 것을 볼 수 있다.

용맹한 광개토대왕도 고구려의 실지 회복에 힘을 쏟았을 뿐 그 강역의 확장에 나아가지 않았던 것이 우리의 역사다. 면면히 이어온 평화의 대업은 모두 홍익인간 사상의 원형이 승화해 온 결실이다.

포악한 일제에 항거한 3·1운동도 무저항주의의 관철임과 동시에 3·1선언문도 일제를 탓하기보다 평화 공존의 기치를 든 것이다. 더욱이 한일합병 당시 안중근 의사의 의거 내용도 증오심보다는 일본 패권주의를 응징한 것이다. 안 의사의 '동양평화론'과 같은 동양 3국의 평화 논리는 EU의 등장과 더불어 새로운 지역 통합의 예지로 각광받게 되었다.

최근 중국학자 예텐니藥天泥가 1914년경 쓴 『안중근전安重根傳』이 발견되어 공개되었다.

저자는 안중근의 하얼빈 의거를 "정의·인도人道·공리公理가 지배하는 세계 평화시대를 여는 계기"로 평가하고 있는 점도 주목할 만하다.[31]

한국인은 스스로 신의 경지에 이른다는 인내천人乃天 사상으로, 인간이 온 누리에 평화를 누릴 수 있다는 홍익정신의 보편 사상을 형성한 것이다. IMF 때의 금 모으기나 W-Cup 때의 신바람도 어떤 당위성과 공존의식이 촉발된 평화 공동체 의식에 점화된 사건이었다.

오늘날 Asia 세기를 앞두고 이 지역은 물론 세계를 품을 지도 이념은 무엇인가. 서구문명이 추구해온 자유·

---

31) 중국학자가 쓴 안중근 의사 평전 『안중근전』 중에서 발굴. 동아일보, 2010년 12월 22일자.

평등·민주주의·인권 존중의 기본에 충실한 세계 보편적 가치에 필적하는 사상적 기초가 제시되어야 한다.

오랫동안 동양 세계의 국가 통치 논리로 채용되어 왔던 공자사상 유교 정신으로 세계를 지도하고 이끌어갈 수 있을 것인지에 대해서도, 막스 베버의 평가에도 그 정적인 세계관과 긴장감이 결여된 체제로는 부적절하다. 더욱이 체제 순응적 국가관으로 원용된 사상으로는 현존하는 중국 내부 문제군의 대내적 통합 수단으로 유효할 뿐 전통적 중화사상의 범주를 벗어나는 지도 이념으로 보기는 어렵다.

한때 모택동 정부가 폐기했던 수구사상의 재사용을 위해 최근에 개봉한 〈공자·춘추전국시대〉 흥행 등 공자를 앞세운 유교의 세계화를 추구하고 있다.

그러나 이것으로서 중국의 국경을 넘어 세계 체제로 일반화 할 가치의 무게가 인정되기는 어렵다. 감당하기 어려울 정도로 빠른 속도를 가하고 있는 정보지식사회에서 근육질의 엄포나 힘의 외교, 패권주의로서는 70억 명이 넘는 세계를 통합하고 이끌어갈 수는 없다.


돌이켜 보면 한민족은 기막힌 보배를 가지고 세계를

바라보고 있다. 만약 한국이 강대국이었다면 당연히 세계의 지도 이념이 될 사상이 바로 홍익인간 세계다. 비록 고조선의 건국이념이지만 현대의 해석에서도 추호의 손색이 없다. 바로 홍익인간 사상은 평화 공존·인권 존중·반패권주의 이념을 그 근간으로 한다.

온 세계가 직면하고 있는 지역 및 민족 간 분쟁 그리고 문명 충돌의 위험을 치유할 홍익인간 사상의 평화 발신음은 인류를 구할 상생의 원리로 하나 되는 보편성 원칙에 기반하고 있다.

서구적 가치와 아시아의 가치 충돌에서 아시아적 가치가 침잠해 있었다. 중국의 유교가 앞서 있었으나 그 근원인 공자도 한때 고조선의 홍익사상의 바탕이 된 홍범구주를 칭송할 만큼 홍익인간 사상은 어느 모로 보나 아시아적 가치의 상위에 있어 왔다.

홍익인간 이념은 건강한 민족정체성의 확립에서, 나아가 인류문명의 한계를 극복하는 새로운 비전으로 곧 인류 화합과 세계 평화의 세기를 이끄는 시대정신의 중심에 서게 되면 금세기 최고의 선택이 될 것이다.

# 06

# 보록

# 1. 단군과 홍익정신에 대한
   해외 석학들의 평가

"세계 역사상 가장 완전무결한 평화정치를 2000년간 펼친 단군시대가 있었음을 압니다. 그래서 나는 동양사상의 종주국인 한국을 좋아합니다."

—하이데거_ 독일의 실존주의 철학자

"대한민국은 위대한 나라이다. 다른 나라는 혼란할 때 성인이 나오는데, 대한민국은 아예 성인이 나라를 세우고 다스렸다."

—자크 시라크_ 프랑스 17대 대통령

"한민족이 낳은 홍익인간 사상은 21세기 태평양 시대를 주도할 세계의 지도자 사상이다."

—『한국 찬가』(1984년) 중에서

—게오르규_ 루마니아 25시의 작가

"21세기 세계가 하나 되어 돌아가는 날이 온다면 나는 그 중심은 동북아일 것으로 믿으며, 그 핵심은 한국의 홍익인간 사상이 되어야 한다고 확신합니다."

—아놀드 토인비_ 역사학자

"세상을 널리 이롭게 하는 홍익인간이란 단군의 통치이념은 이 지구상에서 가장 강력한 법률이며, 가장 완벽한 법률이다,"

—프랑스 신문, 〈라 프레스 프랑세즈La press Francaise〉 1986년 4월 18일자.

"동북아 고대사에서 단군조선을 제외하면 아시아 역사는 이해 할 수가 없다. 그 만큼 단군조선은 아시아 고대사에 중요한 위치를 차지한다. 그런데 한국은 어째서 그처럼 중요한 고대사를 부인하는지 이해 할 수가 없다. 일본이나 중국은 없는 역사도 만들어 내는데, 당신들 한국인은 어째서 있는 역사도 없다고 그러는지⋯ 도대체 알 수 없는 나라이다."

—U.M 푸틴_ 러시아 사학자, 고대사 세미나 중

    U.M. 푸틴(유리 미하일로비치 부찐)이라는 구 소련 학자가 1982년도에 발간한 책『고조선』에서 많은 중국사서에 의한 사료 분석과 최근의 북한 등의 연구 그리고 과거 동아시아지역에서 출토되는 유물들을 근거로 고조선古朝鮮의 영역을 추정하였다.

    그에 의하면 과거 고조선이었던 지역은 고인돌로 대표되는 거석문화巨石文化의 특징을 가지고 있으며, 이 지역의 청동기靑銅器는 중국의 영향이 아닌 독자적인 것으로 주로 현재의 요동 지역과 청천강 이북 지역에 이러한 유물들이 나타나는 것으로 보아 과거 고조선의 영역은 남만주와 한국 북부(청천강 이북)을 중심 지역으로 하고 있었다고 주장한다.

특히 그는 랴오둥(遼東)이란 지금의 요동을 뜻하는 것이 아니라 단지 천하(중국)의 동쪽 변경을 뜻한다고 했다. 이것이 중국의 점령 이후 지명이 된 것이다.

또한 그는 "한대漢代 이전에 현토와 낙랑 지역에 이르렀던 조선의 영역은 한 번도 중국의 제후국諸侯國이 된 적이 없을 뿐만 아니라, 연燕나라나 주周나라에 예속된 적이 없다."

그리고 기자조선箕子朝鮮 설은 주왕周王이 자신의 지배하에 있지 않은 영토를 마치 통치한 것처럼 꾸민 전형적인 예라고 말하고 있다.

또 "중국의 역사가들은 연나라가 중국의 동북쪽 변방에 있었기 때문에 의식적으로 연나라의 역할을 과장해서 표현해 왔다."

그러며, 당시 국력으로 보아 연나라가 조양에서 양평에 이르는 장성長城을 쌓는 것은 불가능하다고 강조했다. "한대에 이르러 현토와 낙랑지역에 이르렀던 조선의 영역은 한반도 중국의 제후국이 된 적이 없었을 뿐 아니라 연나라나 주나라에 예속된 적도 없다"며 기자조선설은 주왕이 자신의 지배하에 있지 않은 영토를 마치 통치한 것 처럼 꾸민 전형적인 예라고 말하고 있다.

"중국의 역사가들은 연나라가 중국의 동북쪽 변방에 있었기 때문에 의식적으로 연나라의 역할을 과장해서 표현해 왔다"며 당시 국력으로보아 연나라가 조양에서 양평에 이르는 장성을 쌓는 것은 불가능하다고 주장했다.

* 자료 발췌 : 국학원 자료

## 2. 동아시아에서 제일 앞서 나라를 세운 민족

우리가 동아시아 지역에서 가장 먼저 나라를 세웠다면 믿지 않으려 할 것이다.

고대사 특히 고조선 시대에는 문자가 없다고 추정하여 기록이 없으니 신화로 처리되어 버린다. 더욱이 중국이나 일본이 그들의 역사보다 앞선 역사를 인정할 리가 없다.

일제강점기에는 한국사도 철저이 식민사관의 틀 속에서 그들 중심의 역사를 만들었고, 중국은 사실史實과 다르게 인접국 역사를 자기 역사 중심의 화이華夷체제로 비하해 왔다. 이들이 사용했던 연대들도 편의에 따라 기술되어 많은 의문을 유발해 왔었다.

그런데 과학의 발달은 고고학적 연대를 유동적인 것으로 만들어버렸다.

'그 연대는 새로 발굴된 유적을 기준으로 항상 앞당겨질 가능성이 있기 때문이다. 지난날에는 유적의 연대를 추측으로 정하는 상대편년을 하기도 했다. 그러나 지금은 방사선탄소 연대 측정법을 비롯한 여러 가지 과학적인 방법을 사용하고 있다. 그 결과 우리나라와 만주의 청동기문화 연대가 매우 빠르다는 사실이 확인되었다.'[32] 당시 우리 민족은 매우 유능했던 것 같다.

우리 민족은 동아시아에서 가장 먼저 금속을 개발 사용하였다. '인류가 처음 사용한 금속은 청동인데, 지금까지의 고고학적 발굴 결과에 따르면 우리 민족은 서기 전 2500~2600년 무렵에 이미 청동을 사용하였던 것으로 보인다.

중국의 황하 유역에서는 서기 전 2200년 무렵에, 시베리아 지역에서는 서기 전 1700년 무렵에, 일본 열도에서는 서기 전 300년 무렵에 청동기 문화가 시작되었다. 그러므로 우리 민족은 중국인보다는 3백 여 년 전에, 시베리아 인보다 8백 여 년 전에, 일본인들보다는 무려 2200년 전에 청동기 문화시대에 진입했던 것이다.'[33]

32) 윤내현, 『우리 고대사-상상에서 현실로』, 지식산업사, 2014.
33) 앞의 책.

세계 어느 지역이나 청동기시대에 국가가 출현했다는 것이다. 그러므로 청동기문화의 시작은 인류 문화 발전에 아주 중요한 의미를 갖는다.

종전에 우리 청동기문화 시작 연대를 BC 900~1000년 무렵으로 잡은 오류 때문에 기원 전 2333년이라는 고조선의 건국 연대는 믿을 수 없는 것이 된 것이다.

전라남도 영암군 장천리 청동기시대 집 자리와 경기도 양평군 양수리의 청동기시대 고인돌 유적은 서기 전 2500~2600년, 만주의 청동기 문화인 하가점/夏家店 하층 문화는 기원 전 2410년으로 확인되었다.

한반도 남단에서부터 중부를 거쳐 만주에 이르는 청동기문화가 기원 전 2500여 년 전에 시작된 것으로 확인된 것이다. 황하유역보다 앞선 것으로 설파한 윤내현 교수의 과학적인 논리가 빛난다.

이렇게 되면 삼국유사와 제왕운기의 기록에 따라 산출된 서기 전 2333년이라는 고조선의 건국 연대는 우리 민족이 청동기문화를 가진 뒤 170년이 지나 국가를 세운 것이기 때문에 확실한 과학적 근거를 얻게 된다. 우리는 동아시아에서 맨 먼저 나라를 세운 민족인 것이다.[34]

---

34) 앞의 책.

# 3. 고조선 강역도

## 고조선과 중국의 국경지대

* 출처 : 윤내현, 『고조선, 우리 역사의 탄생』

# 4. 우리 고대사 도표

* 출처 : 윤내현, 『고조선, 우리 역사의 탄생』

고조선부터 여러 나라 시대(列國時代)까지 체계화한 우리 고대사 도표

| 세기 | 연대 | 배달겨레 | 중국 |
|---|---|---|---|
| 전 3000년기 | | | |
| 전 2000년기 | -2000 | 고조선 (단군조선) | 하 |
| 전 1000년기 | -1000 | 고조선 (단군조선) | 상, 서주, 춘추, 전국 |
| | -100 | 위만조선 | 진(秦) |
| 1 | | 한사군 | 한(漢) |
| 1 | | 여러 나라 시대 (부여, 고구려, 읍루, 옥저, 동예, 최씨낙랑, 한 등) | |
| 2 | 100 | | 동한 |
| 3 | 200 | | 위 촉 오 |
| 3 | 300 | | 위 촉 오 |
| 4 | 400 | 사국시대 (가야, 백제, 신라, 고구려) | 서진 동진 / 5호 16국 |
| 5 | 500 | | 남북조 |
| 6 | 600 | | 수 |
| 7 | 700 | 신라 발해 | 당 |
| 8 | 800 | 신라 발해 | 당 |
| 9 | | | |

고조선 유물

중앙박물관 고조선유물

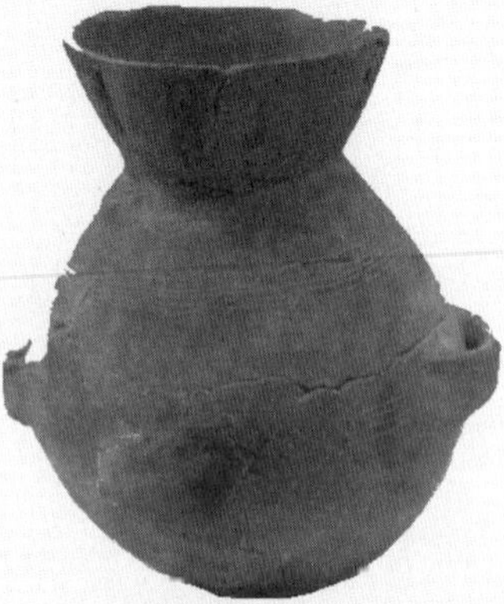

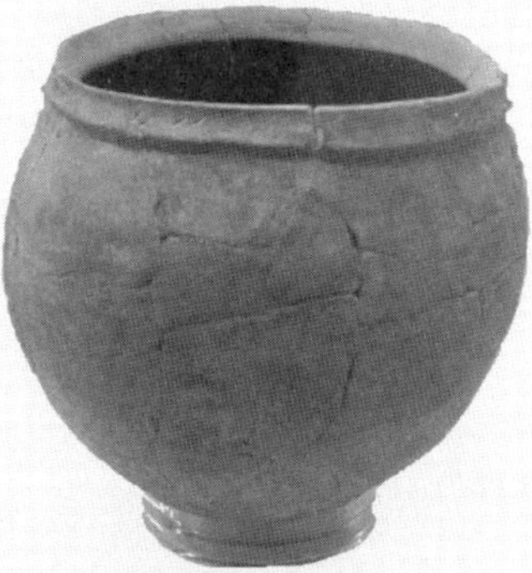

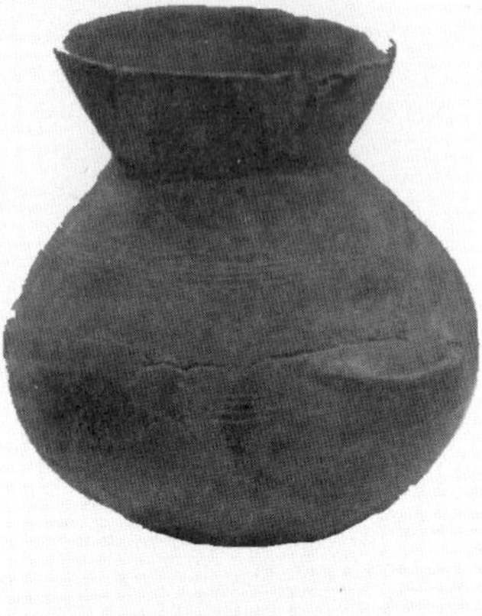

고조선황금유물

고조선기년(紀年)유물

세계에서 가장 오래된 홍산문물 고조선환국유물